novum pro

AF162530

ROGER KLÜH

APACHE STAR
THE ART OF SPEED

novum pro

www.novumverlag.com

Bibliografische Information
der Deutschen Nationalbibliothek:

Die Deutsche Nationalbibliothek
verzeichnet diese Publikation in
der Deutschen Nationalbibliografie.
Detaillierte bibliografische Daten
sind im Internet über
http://www.d-nb.de abrufbar.

Alle Rechte der Verbreitung,
auch durch Film, Funk und Fernsehen,
fotomechanische Wiedergabe,
Tonträger, elektronische Datenträger
und auszugsweisen Nachdruck,
sind vorbehalten.

© 2021 novum Verlag

ISBN 978-3-99107-574-5
Lektorat: Dr. Johannes Krämmer
Umschlagfotos und Innenabbildungen:
Tim Neiser
Umschlaggestaltung, Layout & Satz:
novum Verlag
Autorenfoto: Roger Klüh

Gedruckt in der Europäischen Union
auf umweltfreundlichem, chlor- und
säurefrei gebleichtem Papier.

www.novumverlag.com

INHALT

Prolog 7
Wichtigste Personen 8

Kapitel 1 – Wasser 11
Kapitel 2 – Apache Heritage 20
Kapitel 3 – Apache Star 27
Kapitel 4 – „Fahren Sie lieber zu den Bahamas" 33
Kapitel 5 – Gegen politische Interessen der USA 38
Kapitel 6 – Altersgerechte Instandhaltung 52
Kapitel 7 – Ankommen oder Sterben 56
Kapitel 8 – Ruhm und Ehre 90
Kapitel 9 – Back to the USA 98
Kapitel 10 – Apache Star im Ruhestand 110

Powerboot-Legenden 112
Interview mit Roger Klüh 117
Epilog 122

PROLOG

Dies ist die Geschichte einer Vision, man könnte auch sagen: eines Traums. Und es wird erzählt, wie man ihn wahr werden lässt. Es war mein Traum, und ich habe ihn erlebt und gelebt, buchstäblich. Aus einer Idee, die lange in meinem Kopf herumgeisterte, wurden ein Erlebnis und eine einmalige Erfahrung – beides im wahrsten Sinne des Wortes. Umgesetzt und durchgesetzt gegen Widerstände, gegen vermeintlich gute Ratschläge und – manchmal – auch gegen die eigenen inneren Zweifel, die zeitweise nicht gerade klein waren.

Der israelische Staatsgründer David Ben-Gurion hat einmal gesagt: „Wer nicht an Wunder glaubt, ist kein Realist." Diese Aussage hat mich schon immer fasziniert. Und schon immer war ich davon überzeugt, dass jeder Mensch das erreichen kann, was er wirklich will – wenn er den Mut hat, sein Ziel zu verfolgen, weil er an sich selbst glaubt, weil er von sich überzeugt ist. Denn dann kann er scheinbar Unmögliches möglich werden lassen, Berge versetzen – oder das Meer und die Wellen bezwingen, so wie ich es getan habe bei diesem sagenhaften Trip von Key West nach Havanna.

Das vorliegende Buch beschreibt diesen Kampf, der lange begann, bevor ich am 1. August 2015 gestartet bin. Und der nach der Ankunft auf Kuba noch lange nicht zu Ende war. Bis heute prägt er mein Leben und ich bin stolz darauf.

Roger Klüh
im August 2020

WICHTIGSTE PERSONEN

MIKE MCMAJOR
Er ist der Besitzer von *Apache Powerboats* in Miami, Florida, USA. Ohne ihn würde es *Apache Star* nicht geben, denn er hat dieses Boot über zwei Jahre entkernt, kernsaniert und exakt nach meinen Vorgaben und Vorstellungen neu aufgebaut. Bei der Überfahrt nach Kuba war er mein Chefingenieur und Co-Pilot.

DAVID WILD
Kapitän und Chefnavigator. Ohne ihn gäbe es keine Navigation. Während der Überfahrt hat er mir permanent die wichtigsten Daten auf mein Display gespielt.

JACK MERCURIUS
Chefmechaniker, also Herr der Technik. Er war für die Optimierung und Funktion der Motorenleistung verantwortlich und hat während der Überfahrt die technischen Daten der Motoren überwacht.

RAMONA JOHNSON
Anwältin aus Miami, Florida. Sie hatte die Verantwortung für die Antragstellung bei den US-Behörden. Beide Anträge wurden über ihre Kanzlei in Washington eingereicht. Sie war sozusagen die Navigatorin in den Wirren des US-Rechtssystems.

LORENA DIAZ LOEWE
Anwältin aus Madrid, Spanien. Sie ist selbst Kubanerin und hat meine Interessen gegenüber Kuba vertreten. Ihr Vater ist dort einer der einflussreichen Anwälte. Er hat den Kontakt zur *Marina Hemingway International* hergestellt und erreicht, dass die *Marina* offizieller Sponsor und Veranstalter wurde. Das war die Basis dafür, dass die US-Regierung eine Sondergenehmigung erteilen konnte.

PROFESSOR RODRIGO DIAZ FRANCISCO
Lorena's Vater, Anwalt auf Kuba, dort bestens vernetzt und ein großer Helfer für mich in diesem Dickicht aus Politik, Embargo-Vorschriften und politischen Befindlichkeiten. Ich stellte schnell fest, dass es Gold wert war, ihn zu kennen.

COMMODORE DARÍO ESTEBAN
Chef der *Marina Hemingway International* in Havanna. Er stand mir als offizieller Veranstalter und Sponsor zur Seite und war bei internationalen Pressekonferenzen dabei.

COKA LUNA CARRERA
Sie kommt aus Havanna und war in jungen Jahren über ein Jahrzehnt lang die Assistentin von Fidel Castro. Auf der Insel nennen Freunde sie Luna. Ohne ihre Unterstützung wäre es nie gelungen, dass die *Apache Star* Kuba verlässt. Denn Raúl Castro, Fidels Bruder und Nachfolger an der Staatsspitze, wollte die *Apache Star* als Denkmal auf Kuba verewigen.

COORDT VON MANNSTEIN
Legende der deutschen Werbe- und Public Relations-Szene. Er ist ein enger Freund und – vor allem – der Einzige, der außer mir nie an dem Projekt gezweifelt hat.

RICHARD SPEED

Speedboot-Legende. Niemand weiß mehr über diese Boote als er. Über ihn werde ich mehr am Ende des Buches erzählen.

NICO COOK

Britischer Speedboot-Fahrer. Er ist bis heute der Einzige, der sich der Herausforderung gestellt hat, einen neuen Weltrekord auf der Strecke Key West–Havanna aufzustellen.

KAPITEL 1

WASSER

Wasser! Immer wieder Wasser – in meinem Leben hat es stets eine zentrale Rolle gespielt. Vor allem in seiner normalen Form, also flüssig. Aber auch als Eis: Mehr als 15 Jahre habe ich für die *DEG* in Düsseldorf Eishockey gespielt. Aber das ist eine andere Geschichte. Womöglich erzähle ich sie irgendwann einmal.

Alles nahm seinen Anfang, als ich mit meinen Eltern regelmäßig an den Gardasee reiste. Dort hat mein Vater ein Boot liegen. Es handelte sich um eines dieser legendären, wunderschönen *Riva* aus Mahagoni. Ich bin fünf Jahre alt, als ich es zum ersten Mal schaffe, meinem Vater bei einem dieser Ausflüge das Steuer aus der Hand zu reißen und selbst zu lenken. Er lässt es zu, vertraut mir offenbar und löst damit mehr aus, als er sich jemals hätte vorstellen können.

Vermutlich ist es genau an diesem Tag passiert: Ich empfinde erstmals dieses so schwer zu beschreibende Gefühl: Es ist einzigartig, den Elementen ausgeliefert zu sein, aber sie gleichzeitig zu beherrschen. Die Kraft des Wassers zu spüren und zu fühlen, wie das Boot reagiert, wenn ich am Steuer drehe, fasziniert mich. Es hat mich an diesem Tag gepackt. Erstmals spüre ich die Herausforderung, aber auch die Macht, die ich ausüben kann, wenn ich die Kraft des Wassers und des Windes kontrolliere. Dass mich dies über so viele Jahre hinweg begleiten, mich mehr und mehr faszinieren würde, habe ich damals auf dem See in Norditalien nicht wissen können. Aber es ist so: Die Leidenschaft begann zu dieser Zeit in mir zu brennen. Über die Jahre ist sie noch gewachsen und in Wahrheit auch nie erloschen.

Ein paar Jahre später, ich bin 14 Jahre alt, wechseln meine Eltern den Urlaubsort. Vom Gardasee geht es in das nicht weit entfernte Südfrankreich, an die Côte d'Azur. Klar, die *Riva Super Ariston* aus Holz kann nicht mit – immerhin wollen wir ja jetzt nicht mehr auf diesem Süßwassersee herumfahren, sondern haben das Mittelmeer im Blick. Dort herrschen andere Bedingungen. Wir sind schließlich nun in Salzwasser unterwegs, das weitaus aggressiver gegenüber Holz ist. Das alte Boot muss also weg, aber dem Namen bleibt mein Vater treu und kauft eine *Riva St. Tropez*. Mit meiner Familie fahre ich oft damit von unserem Urlaubsort in Monaco aus hinüber nach Saint-Tropez.

Mein Vater, Josef Klüh, ist in diesen Jahren bereits ein erfolgreicher Düsseldorfer Unternehmer. Er arbeitet viel, aber er will sein Leben in der knappen Freizeit genießen. Also kauft er immer wieder Boote. Und sie werden stets größer und komfortabler.

Ich mache es ihm nach. Als ich 15 Jahre alt bin, bekomme ich mein erstes eigenes Motorboot. Aber anders als bei meinem Vater werden meine Boote nicht größer und bequemer, sondern schneller und unbequemer. Mir geht es nicht um den Komfort großer Yachten, sondern um das Erleben der Geschwindigkeit. Ich finde Gefallen am Dahinschießen durch die Wellen und über das Wasser. Ich genieße es, den Wind und die Gischt im Gesicht zu spüren. Allerdings musste ich auch lernen, wie gefährlich es sein kann, auf dem Wasser wirklich schnell unterwegs zu sein.

Es ist der 3. Oktober 1990, als ich mich auf den Weg nach Saint-Tropez mache. Ich bin gerade erst 25 Jahre jung, aber schon bestens mit der Rennboot-Szene vertraut. Zu diesem Zeitpunkt habe ich zwar noch an keinem Rennen teilgenommen, jedoch ist die Rennboot-Szene eine kleine Welt und die Côte d'Azur meine zweite Heimat. Durch meinen Vater bin ich in der Bootswelt aufgewachsen. Man kennt sich also.

Ein spektakuläres Speedboot-Rennen soll an diesem Tag stattfinden. Die Rennstrecke entlang der Côte d'Azur, von Saint-Tropez nach Monaco, bin ich schon oft selbst gefahren. Vom Wasser aus bietet die Küstenlandschaft Südfrankreichs einen malerischen Anblick. Pompöse Villen thronen auf den hohen Steilklippen über kleinen Buchten mit klarem Wasser. Der prominenteste Fahrer am Start dieses Renntages ist Stefano Casiraghi, der Mann der monegassischen Prinzessin Caroline. Die internationale Rennboot-Szene ist komplett vertreten. Ein Highlight wie dieses zieht sämtliche Stars und Sternchen an – wie das Licht die Motten. Sie tummeln sich um die Fahrer. Doch nicht nur die Schönen und Reichen werden von der Formel 1 auf dem Wasser angelockt. Auch die weniger Schönen und Reichen wollen sich dieses Spektakel nicht entgehen lassen. Unabhängig von Status und Reichtum haben alle eines gemeinsam: Sie warten ungeduldig auf das Rennen.

Dann endlich ist es soweit. Die Fahrer nehmen in ihren Höllenmaschinen Platz und starten die Motoren. Das gleichzeitige Starten von zwei Dutzend Powerbooten ist keineswegs vergleichbar mit den Geräuschen von Formel 1-Rennwagen. Diesbezüglich machen sich die Unterschiede in der Anzahl der Pferdestärken bemerkbar. Die einen können nicht genug davon bekommen, die anderen halten sich die Ohren zu. Ich jedenfalls gehöre zu denjenigen, welche es nicht nur lieben, das Motorengeräusch zu hören. Nein, ich wurde vielmehr dazu geboren, es zum Erklingen zu bringen.

Nach dem Startschuss dauert es nur wenige Sekunden, bis die Rennboote ihre Höchstgeschwindigkeit erreichen. Hinter ihnen wird die Gischt mindestens drei Meter in die Höhe katapultiert. Weitere zehn Sekunden später sehen die begeisterten Zuschauer nur noch winzige Wasserfontänen am Horizont verschwinden.

Ich erinnere mich, als wäre es gestern gewesen. Als die Fahrer außer Sichtweite geraten, setzt sich meine Familie zum Mittagstisch. Klassische Musik gepaart mit elektronischen Beats verzaubert die Ohren der Gäste. Der Duft von Lavendel und Vanille liegt in der Luft. Die Menschen um uns herum speisen und trinken und sie genießen das sagenhafte Flair Südfrankreichs. Plötzlich stürmt ein Mann mittleren Alters keuchend und schweißgebadet in das Restaurant und unterbricht die Festlichkeiten. Er bittet um Aufmerksamkeit. Er schluckt und ich sehe seinen Kehlkopf von unten nach oben gleiten. Der Großteil der Gäste schenkt ihm keine Beachtung, doch dies ändert sich schlagartig, als er wieder zu Atem kommt und brüllt: „Stefano Casiraghi ist tot!"

Totenstille. Dann gedämpftes Murmeln und Flüstern. Ich sehe in betrübte Gesichter mit weit geöffneten Augen.

Kurz vor dem Ziel auf der Höhe von Saint-Jean-Cap-Ferrat, wo einst der zweite Wohnsitz meiner Familie lag, überschlägt sich sein in der italienischen Werft *Tullio Abbate* gebautes Schnellboot mit einer Geschwindigkeit von 200 km/h. Stefano hatte keine Überlebenschance. Von jetzt auf gleich ist Prinzessin Caroline Witwe, seine drei Kinder sind Halbwaisen. Weltweit prägt die Tragödie alle Schlagzeilen.

Für uns, die Rennbootfahrer, ist einmal mehr wahr geworden, was wir alle wissen: Das Fahren eines solchen Gefährts ist immer ein Trip zwischen Leben und Tod. Es ist wie ein Ritt auf einer Rasierklinge. Den Bruchteil einer Sekunde nicht das Richtige tun – und es ist vorbei. Stefano hat das gewusst und ist das Risiko eingegangen. Er hat es – wie wir alle – ausgeblendet, weil er sonst nicht hätte starten können. Dass das Wetter schlecht war und es hohe Wellen gab, das war ihm – so wie jedem Rennfahrer, der an diesem Tag an den Start ging – bewusst. Dennoch fuhr er los. Zwei Stunden später war er tot.

Der Spiegel berichtet wenige Tage später darüber unter der Überschrift „Schneller als beim Henker". Gemeint ist der Tod im Speedboot – wenn er kommt, dann geschieht das in Sekundenbruchteilen, schneller als jedes Fallbeil. In dem Artikel wird gut beschrieben, wie der Tod bei diesem Tempo eintritt und was bei einem Rennen passiert:

„Wer nach Trussardis Parfum duftet, Anzüge von Missoni trägt, John Player Special raucht und Martini Bianco trinkt, hört mit glänzenden Augen den Heldensagen der Powerboot-Piloten zu. Gern schildern die, dass sie beim Start denselben Druck aushalten müssen wie ein Space-Shuttle-Astronaut, weil ihre Renner in nur zehn Sekunden von Null auf 200 km/h beschleunigen. Und immer wieder müssen die Meeres-Cowboys berichten, wie sie die enormen Schläge der Wellen wegstecken, die in einem Rennen das Boot etwa 25.000 Mal und bis zu 20 Meter weit

springen lassen. Die Oberschenkel sind als Stoßdämpfer oft genug überfordert. Obwohl die Körper von zentimeterdicken Schaum- oder Lederpolstern umhüllt werden, sind Brüche an Armen, Beinen oder auch an der Wirbelsäule alltäglich. (…)
Von dieser brutal-naiven Mischung aus Nervenkitzel und Todesgefahr werden Industrielle, Politiker und Schauspieler magisch angezogen. Der frühere US-Präsident John F. Kennedy ruinierte sich seine Bandscheiben im Rennboot, Fernsehstar Don Johnson („Miami Vice") wurde Weltmeister in der Super-Klasse. Auch jene, die schon zu Land die Schnellsten waren, rasen mit. Der Formel-1-Pilot Jacky Ickx ließ sich sogar von Porsche einen speziellen Achtzylinder-Motor bauen, um der Konkurrenz davonzufahren.
Sein französischer Kollege Didier Pironi, der 71 Grand-Prix überlebte und nach seinem letzten Autounfall 1982 in Hockenheim in 40 Operationen wieder zusammengeflickt wurde, starb schließlich in einem Powerboot. Er wurde vor drei Jahren bei einem Rennen aus der Kurve getragen, kollidierte mit einem vorbeifahrenden Öltanker. Pironi wurde der Kopf abgerissen." (Der Spiegel Nr. 41, 1990, S. 243-245)

Für meine Mutter daheim ist der Tod Casiraghis eine besonders schreckliche Nachricht. Mehr denn je wird ihr klar, wie berechtigt die Sorgen sind, die sie sich um ihren Sohn macht. Deshalb ist sie niemals dabei, wenn ich im Boot sitze. Sie bleibt zuhause, geht in die Kirche und zündet eine Kerze an. Sie betet, dass ich heil zurück nach Hause komme und sie mich wieder in die Arme schließen kann. Ihre Fürbitten haben funktioniert, über Jahre und bis heute.

Aber andere Speedboot-Fahrer haben nicht so viel Glück. Viele kommen ums Leben. Die Sportart gilt als eine der gefährlichsten weltweit. Natürlich meint jeder, er beherrsche das Boot und die Elemente. Aber leider irren sich nicht wenige.

Wie unberechenbar und lebensgefährlich das Fahren mit einem dieser Boote sein kann, erlebe ich selbst im Jahr 2000. Es ist Anfang Mai, die Hauptsaison in Südfrankreich steht kurz bevor, als ich mit meinem Vater zum Mittagessen in Saint-Tropez verabredet bin. Am späten Vormittag erhalte ich eine Nachricht meines Vaters. Aufgrund der schlechten Wetterlage kann er nicht mit seiner Yacht zu mir kommen. Der berüchtigte *Mistral* treibt in diesen Tagen sein Unwesen und lässt die Wellen zu gischtenden Brechern werden. Vom gnadenlosen Meister aller Stürme des Mittelmeers bleibt keine Seele auf dem Meer unverschont. Der Schein trügt, wenn man den wolkenlosen Himmel betrachtet und nachts die Sterne wie kaum irgendwo sonst in ihrer Schönheit funkeln sieht. Wenn sich ein Sturm in dieser Form ankündigt, dann gilt es, schnellstens Deckung in einem sicheren Hafen zu suchen.

Wenn alle Schutz an Land suchen, dann ist meine Zeit gekommen: Ich scheue die gnadenlosen Naturgewalten nicht und bin bekannt dafür, eben genau unter derart schlechten Wetterbedingungen nicht nur die Grenzen meiner Boote, sondern auch die „Belastungsgrenzen" der Meinen zu testen. Ich sage meinem Vater, dass der Berg eben zum Propheten kommen wird, wenn der Prophet nicht zum Berg kommen kann. Wenig später teile ich der Werft mit, dass meine *Apache 501* startklar gemacht werden soll. Es war meine zweite *Apache*: 41 Fuß lang, sechs Tonnen schwer, zwei Motoren mit je 900 PS, Höchstgeschwindigkeit 100 Knoten. Klar hätte ich mit dem Auto fahren können, aber was hätte das für einen Reiz gehabt? Die Mitarbeiter der Werft möchten mich eines Besseren belehren und raten mir, während des unbeugsamen *Mistrals* im Hafen zu bleiben.

Als ich in der Werft ankomme, sehe ich schon einige Schaulustige am Pier stehen. Meine *Apache 501* war das einzige Schiff, das an diesem Tag seine Motoren startete. Warm gekleidet mit Bomberjacke und Pilotenbrille, wissend, was mich da draußen erwarten würde, steige ich in das Cockpit meines Bootes. Normalerweise hört man die Motoren laut aufheulen, wenn ich den Startknopf betätige, doch nicht heute. Der peitschende Wind übertönt die 1800 PS meines Powerbootes. Und ich bin noch nicht einmal auf offener See.

Gekonnt steuere ich mein Schiff aus dem Hafen. Für alle, die noch nie ein Speedboot gefahren sind: Um das Boot vor- und rückwärts zu bewegen, müssen die Motoren jeweils einzeln an- und ausgeschaltet werden. Das macht das Ablegen nicht gerade einfach. Für mich ist es jedoch mittlerweile ein Kinderspiel. Außerhalb des Hafens von Saint-Tropez fahre ich einen weiten Bogen, um auf Kurs Richtung Cannes zu kommen. Die Wellen nehmen schlagartig die dreifache Höhe an, sobald ich den Hafen verlasse. Nachdem ich das Boot auf Kurs gebracht habe, beschleunige ich, langsam, aber sicher. Es dauert nicht lange, bis die ersten Wellen über den Bug schwappen. Ich trimme die *Apache 501* frontal gegen die Wellen und den Wind und spüre die Naturgewalt des *Mistrals* mit Haut und Knochen. Die Wellen nehmen Gestalt von riesigen Meeresmonstern an. Der Wind peitscht eimerweise Gischt in mein Gesicht. Kaum habe ich Kurs Richtung Cannes aufgenommen, bin ich von oben bis unten klitschnass. Die klirrende Kälte lässt mein Blut in den Adern gefrieren. Auf einmal bemerke ich die Windstille.

„Kein gutes Zeichen", denke ich mir.

Es dauert einen Moment, bis ich begreife, dass sich der Wind gedreht hat. Ich stehe nun achtern, also mit dem Rücken zum Wind. In dieser Position spürt man den Luftstrom nicht mehr. Plötzlich höre ich einen lauten Knall. Die Armaturen in meinem Cockpit fangen an, unterschiedlich verzerrt zu blinken und teilweise zu erlöschen.

„Kein gutes Zeichen", sage ich mir erneut.

Dann passiert wohl eines der schlechtesten Dinge, das einem Kapitän im Auge des Sturms auf offenem Meer nur passieren kann: Die Motoren fallen aus. Wobei ich noch Glück im Unglück habe und es nur einen von zwei Motoren erwischt hat. Es handelte sich um den rechten Motor, um genau zu sein. Sofort merke ich, wie ich abgetrieben werde, weiter hinaus auf das offene, raue Meer. Ich weiß, dass ich nur eine Chance haben werde, um Hilfe zu rufen. Aufgrund der auf mich einstürzenden Wellen wird mein Handy binnen kürzester Zeit von Wasser durchtränkt sein. Und meine Befürchtungen sind nur wenig später wahr geworden.

Ich beschließe, den Hafen zu kontaktieren. Dort will man sofort Rettung schicken und bittet ein in der Nähe fahrendes

Segelschiff, mir zu Hilfe zu kommen. Außerdem steht ein Sicherheitshelikopter bereit und beobachtet mich aus der Luft. Das Segelschiff kommt heran, verschafft mir Windschatten und geleitet mich auf der schwierigen Fahrt zum nächsten Hafen.

Es dauerte Stunden, bis ich endlich Land am Horizont sehe. Hoffnung macht sich in mir breit. Mühselig, mit gerade einmal fünf Knoten, tuckere ich Stunden später in den Hafen von Fréjus. Ich mache drei Kreuze, als ich endlich den sicheren Hafen erreiche. In diesem drängen sich jedoch Yacht an Yacht, Fender an Fender. Durch den ausgefallenen Motor in Kombination mit den Naturgewalten hatte ich keine Chance, die Lenkung zu kontrollieren. Ich sehe vor meinem inneren Auge, dass ich die teuren Luxusyachten Stück für Stück im Hafen rammen werde. Es grenzt an ein Wunder, dass ich es dennoch schaffe, ohne weitere Schäden am Pier anzulegen.

In meinem steifgefrorenen Zustand ziehen mich Mitarbeiter der Werft aus dem Cockpit. Ich lasse die *Apache 501* zurück und werde nach Saint-Tropez gefahren. Zuhause angekommen, führt mich mein erster Weg direkt unter die Dusche. Während heißes Wasser meinen Körper hinunter läuft, kreisen meine Gedanken wieder und wieder um das soeben Erlebte. Ich hatte die Gefahr der Naturgewalten unterschätzt und bin gerade noch mit dem Leben davongekommen. Hätte mein Handy den Geist aufgegeben, noch bevor ich einen Hilferuf absetzen konnte, hätte mich vermutlich heute die raue See in ihre tiefen Abgründe gezogen. Es war mittlerweile sieben Uhr abends, als ich meinen Vater kontaktiere. Ich, das Großmaul, erzähle ihm nun mit kleinlauter Stimme, dass ich wohl heute doch nicht mehr zum Mittagessen erscheinen werde.

Am nächsten Morgen will ich wissen, wie es zu dem Motorausfall kommen konnte. Man erklärt mir, dass der Wind wohl stark genug war, um die Gischt durch die Luftschlitze in den Motorraum zu drücken. Dies war verantwortlich dafür, dass nicht nur der Motor, sondern auch die Elektronik ausfiel. Ein völlig untypisches Verhängnis, da die Gischt normalerweise von vorne über das Boot hinwegschießt. In diesem Falle war der Wind jedoch stärker und ich war nicht schnell genug. So konnte die Gischt von hinten zurück ins Boot gelangen. Diese Erfahrung war mir eine Lehre. Ich habe die Elektronik so umbauen lassen, dass sie zukünftig vor Gischt und Wellen geschützt ist. Und auch das Ausgeliefertsein an die Naturgewalten war mir eine Lehre.

Ich kenne die Rennbootszene also seit vielen Jahren, habe ihre Risiken hautnah erlebt, aber auch unbändige Lebensfreude erfahren. Bei Reisen nach Florida bin ich eingetaucht in das Umfeld der Rennbootfahrer. Ich bin Teil dieser kleinen Welt geworden und konnte im Laufe der Zeit immer mehr über die Technik dieser einzigartigen Boote erfahren. Mich faszinieren ihre baulichen Besonderheiten, die Baustoffe und die Anforderungen, die an Material und Mensch gestellt werden. Ich lerne, immer schnellere Boote bis ans Limit zu fahren – und manchmal auch darüber hinaus. Das überstehen nicht alle Boote schadlos. Und ich auch nicht.

KAPITEL 2

APACHE HERITAGE

Die Jahre vergehen und ich sammle viel Erfahrung hinsichtlich der Bedienung und technischen Bauweise von Schnellbooten. Die Welt der Rennfahrer auf dem Wasser ist zu meiner Welt geworden. Mittlerweile bin ich Mitte 40, habe zwei wundervolle Söhne und merke, dass meine physischen Leiden immer stärker werden. Meine Eishockey-Karriere in jungen Jahren und die Speedboot-Fahrten über Jahrzehnte haben zu etlichen Beschwerden geführt. Mittlerweile merke ich bei jeder Welle, wie jede Faser meines Körpers nach Erholung schreit. Meine körperlichen Beschwerden rauben mir insbesondere an kalten Tagen den letzten Nerv.

Ich frage mich, ob es das wirklich schon gewesen sein kann. Ein Leben voller Sport und jetzt soll ich auf einmal aufhören? Soll ich jetzt etwa mit dem Stricken oder Häkeln beginnen? Ich sehne mich nach einem großen Abschluss, einem *Highlight* sozusagen. Ich möchte ein letztes Mal zeigen, was in mir steckt. Es soll mein großes Finale werden, das ich bis an das Ende meines Lebens nie vergessen werde. Und andere sollen es auch nicht vergessen. Etwas scheinbar Unmögliches soll es werden.

Im Laufe des Jahres 2011 nimmt eine Idee in meinem Kopf Gestalt an. Es passiert, als ich gerade meinen Urlaub in Florida verbringe. Eines Morgens, es ist sechs Uhr und ich verarbeite gerade meinen Jetlag, sitze ich am südlichsten Punkt der USA: Key West. Mit einer kubanischen Zigarre in der einen und einem Espresso in der anderen Hand blicke ich auf das offene Meer hinaus. Eine knapp drei Meter große, bemalte Boje, an der sich tagsüber Hunderte Touristen für Erinnerungsfotos stundenlang in eine Schlange drängen, gibt Auskunft über die Entfernung zwischen den USA und Kuba: 90 Meilen. Ich konnte nicht glauben, dass Nachbarn, die sich geografisch doch so nah waren, dennoch so weit voneinander entfernt sind.

Dies stellte den Beginn meines zunächst endlos scheinenden Kampfes dar. Ich würde nicht nur mein eigenes Finale schreiben, sondern zugleich etwas zur Völkerverständigung zwischen den USA und Kuba beitragen können. Die Feindschaft und das Misstrauen der beiden Völker sind legendär. Das Handels-, Wirtschafts- und Finanzembargo der Vereinigten Staaten von Amerika gegen Kuba ist einzigartig. Fidel Castro ist in seinem Land ein Held, für die Amerikaner ist er ein Terrorist. Che Guevara wird auf Kuba verehrt wie ein Heiliger, die Amis sehen ihn nur als Killer, dessen gewaltsamer Tod in Bolivien eine gerechte Strafe war. Es handelt sich also um einen Kalten Krieg in einer der schönsten Gegenden der Welt – zwischen Nachbarn. Einen „Katzensprung" sind sie voneinander entfernt, mehr nicht. Das Embargo ist ausschlaggebend dafür, dass auf Kuba die Zeit stehen geblieben zu sein scheint. Ich selbst war bereits des Öfteren auf Kuba, saß dort auch schon am berühmten *Malecón* und blickte auf den Atlantik. Nicht nur die besten Zigarren der Welt locken mich immer wieder zurück auf diesen Inselstaat. Mir gefällt die Zeitreise zurück in die 1960er Jahre und die Lebensfreude der Kubaner. Sie zeigen einem, dass das Glück nicht mit Geld zu bemessen ist.

Mein Plan steht also fest: Ich fahre nach Kuba! Aber diese Strecke des Atlantiks ist eine der schwierigsten Wasserstraßen der Welt – wechselnde Winde, hohe Wellen und haiverseucht. Dazu kommt die gigantische Kluft in Bezug auf die Politik, welche buchstäblich unüberwindbar ist. Aber nicht für mich, wie ich beschließe. Genau diese Strecke will ich fahren, die – und keine andere. Das weiß ich, als ich am südlichsten Punkt der Florida Keys stehe. Kuba soll es sein. Es steht fest für mich! Aber dafür brauche ich ein Boot.

Mike McMajor ist der Besitzer von *Apache Powerboats*. Die Firma hat mir bereits in den 1990er Jahren eigene Boote gebaut, mit denen ich an der Côte d'Azur Rennen gefahren bin. Während ich in seinem Büro sitze, gehe ich mit ihm die wichtigsten Eckdaten durch. Ich habe die Wahl zwischen drei Rumpf-Größen: 41, 42 und 47 Fuß. Ich berichte ihm, wie ich mir mein Boot vorstelle und worauf ich Wert lege. Dazu benötigt es schon ein gewisses Vorwissen bezüglich der Technik solcher Boote. Nach dem langen Gespräch stellt er mir ein Konzept für den Bau eines neuen Bootes im Military-Look zusammen. Während ich intensiv über dieses Angebot nachdenke, gehe ich noch einmal durch seine Werft. Sie ist recht klein im Vergleich zu anderen. In der Halle liegen ausschließlich Boote, die von Mike selbst gebaut werden. Alle Powerboote sind Sonderanfertigungen und individuell an die Kundenwünsche angepasst. Ich passiere das Boot von Gerhard Berger. Er war ein österreichischer Formel 1-Rennfahrer, der unter anderem für Ferrari an den Start gegangen ist.

Als ich die Werft gerade verlassen will, fällt mein Blick auf einen kleinen Teil eines kaputten Rumpfs. Ich ziehe die durchlöcherte Plane, die ein altes Speedboot bedeckt, ein wenig zur Seite. Unter einer zentimeterdicken Staubschicht erkenne ich die *Apache Heritage* wieder. Es macht sich eine Traurigkeit in mir breit, die mir den Atem raubt. Wie konnte man einer einst so erfolgreichen Legende so etwas antun? Powerboote sind für das Bezwingen der Wellen bestimmt. Sie werden nicht erschaffen, um eines Tages als jämmerlicher Blumentopf zu enden!

Plötzlich beflügelt eine Idee mein Herz. Es ist, als würde in meinem Kopf ein Schalter umgelegt werden. Ich mache mich auf in das Büro von Mike McMajor und erzähle ihm von meinem zündenden Einfall: Jeder kann ein neues Boot bauen, aber ich werde eine Legende wiederauferstehen lassen. Meine Überfahrt nach Kuba ist für die *Apache Heritage* als letzte Mission ebenso würdig wie für mich.

Seit das Speedboot 1992 von *Apache Powerboats* in Miami gebaut wurde, bin ich von ihm fasziniert. Ich befand mich gerade am Beginn meiner Rennfahrer-Karriere, als ich die *Apache Heritage* 1992 und 1993 an den Weltmeisterschaften in Key West teilnehmen sah. In beiden Jahren gab es am Renntag sehr starken Wellengang und genau deshalb war die *Apache Heritage* mit Speedboot-Legende Richard Speed als *Throttleman* (englisch: Das ist derjenige, der die Antriebe und Trimmklappen bedient, also das Boot im Wasser trimmt.) nicht zu schlagen und wurde zur Legende.

Es war das erste Rennboot mit V-Rumpf, in dem die Besatzung saß, denn üblicherweise stand man in diesen Booten aufrecht. Es handelte sich also um einen Prototyp. Erst einen Tag vor dem Rennen war es fertig gebaut worden und als es dann zum ersten Mal gewässert wurde, stellte sich heraus, dass man aus dem Cockpit in sitzender Position nichts sehen konnte. Also schnitt Mike McMajor, der Bootsbauer, in einer Nacht-und-Nebel-Aktion den Rumpf auf und glich ihn an. Die *Apache Heritage* wurde aufgrund der Verzögerung in dem kleinen Privathafen *Stock Island* ungetestet eingewassert und schaffte es gerade noch rechtzeitig zur Startaufstellung. Richard Speed bat mich noch kurz vor dem Start, ein Tape zu besorgen, um damit die Standard-Trimmung auf dem Armaturenbrett für Antrieb und Trimmklappen zu kennzeichnen. Vor dem Start hatte dieses Boot noch nie jemand gesehen. Die Bootswelt in Florida war sehr überrascht, als dieses „Phantomboot" den Sieg nach Hause brachte.

Nach der Weltmeisterschaft 1992 verschwand die *Apache Heritage* direkt wieder in der Werft von *Apache Powerboats* und war für niemanden zugänglich. 1993 wiederholte sich dieselbe Szenerie: Sie kam, gewann und verschwand. Eine einzigartige Erfolgsgeschichte. Ich kann es kaum glauben, dass ich schon so viele Male an ihr in der Werft von *Apache Powerboats* vorbeigegangen bin, nicht ahnend, dass sie dereinst mir gehören und mein Leben prägen würde.

Im Winter 2011 beschäftige ich mich nun intensiv mit dem Erwerb meines Traumbootes, der *Apache Heritage*. Die Geschichte, wie ich in ihren Besitz kam, ist einigermaßen kurios.

Sie beginnt 2005, als ich in Saint-Tropez die Bekanntschaft mit Hannes-Gustav Reichelt mache. Wir lernen uns über meinen Bootsmechaniker kennen, bei welchem Reichelt sein Interesse an meiner *Apache 501* äußert. Genau wie mich fasziniert auch ihn alles, was sich auf dem Wasser und auf Straßen möglichst schnell bewegt. Wir werden Freunde und er baut sich auf meine Empfehlung hin ebenfalls ein *Apache*-Rennboot. Nach dessen Fertigstellung lädt er mich zu einer ersten gemeinsamen Testfahrt ein. Er hat einen Kapitän angeheuert: den Franzosen David Wild. Er soll sich um dieses Boot kümmern. Als ich David kennenlerne, ist mir nicht bewusst, dass dieser Mann Jahre später mein Navigator auf meinem Trip nach Kuba sein wird.

Ein Jahr später erzähle ich Hannes-Gustav bei einem gemeinsamen Essen von der legendären *Apache Heritage*, die zu der Zeit noch ausgeschlachtet in der Werft in Florida liegt. Ich schwärme von der sagenhaften Geschichte dieses Bootes. Was ich nicht ahne, sondern erst Jahre später erfahre: Kaum ist unser Treffen vorbei, ruft Reichelt die Werft an und kauft den Rumpf der *Apache Heritage*. Er nutzt ihn jedoch nicht, macht keinerlei Anstalten, ihn zu reaktivieren. Es scheint, als würde er die Legende nur aufgrund ihres Mythos' besitzen, aber nicht deren Potenzial vollends entfalten zu wollen. Vermutlich verstehen wir uns nicht nur wegen unserer geteilten Leidenschaft für alles Schnelle so gut. Wir sind uns auch charakterlich ziemlich ähnlich. Der kluge Zug, den Rumpf des berühmtesten Powerboots der USA zu kaufen, ohne es zu reparieren, hätte auch von mir sein können. Jedoch nur, wenn ich nicht so ein guter Rennfahrer gewesen wäre, wie ich es heute bin. Denn als guter Rennfahrer möchte ich schließlich eine solch legendäres Boot nicht nur besitzen, sondern dessen Grenzen austesten.

Aber der bin ich nun einmal und im Jahr 2011 steht fest, dass ich dieses Boot kaufen möchte. Vorsichtig frage ich beim *Apache Powerboats*-Chef Mike McMajor nach, wie meine Chancen stehen, es Reichelt abzukaufen.

Seine Antwort ist eindeutig: „Ich glaube, dass du der letzte Mensch bist, dem er es verkaufen würde!"

Wieder ein Charakterzug, den ich mit Hannes-Gustav teile: überdimensionaler Stolz! Er würde mir nie den Mythos überlassen, auf dessen Besitz er so stolz war. Aus diesem Grund vereinbare ich mit Mike McMajor, dass ich als Interessent zuerst im Hintergrund bleibe und er für mich diskret nachfragt, ob sich Reichelt überhaupt von dem Boot trennen würde.

Doch dann kommt mir ein Zufall zu Hilfe: Weihnachten steht kurz vor der Tür und ich sitze mit meinem Sohn Jeffrey in Saint-Tropez in einem Café. Auf einmal kommt Hannes-Gustav mit seiner Frau Nadine herein. Als wir miteinander plaudern, schaffe ich es nicht, den Mund zu halten. Ich weiß ja, dass er hat, was ich will – die *Apache Heritage*. Mit dem Hinweis auf die bald beginnende *Internationale Bootsausstellung* in Düsseldorf („boot") erzähle ich ihm, dass ich ein neues Schiff kaufen möchte und frage nach der *Apache Heritage*.

Seine Frau geht sofort dazwischen: „Kannste haben!"

Ihrem Gatten scheint das nicht so recht. Er reagiert zurückhaltend und druckst herum.

Aber immerhin sagt er nicht gleich Nein, sondern stellt eine Bedingung: „Wenn ich es dir verkaufe, will ich deinen Rasierstuhl dazu!"

Dieses alte Schätzchen hat er bei mir zuhause gesehen. Ich habe den Stuhl renovieren und in mein Badezimmer stellen lassen. Wir verabschieden uns mit der Vereinbarung, uns nach ein paar Tagen erneut zu sprechen.

Ungeduldig, wie ich nun mal bin, rufe ihn gleich am nächsten Morgen an. Er nennt einen Preis – viel zu hoch, wie ich finde.

„Ein neues Boot würde weniger kosten", halte ich ihm entgegen.

Das beeindruckt ihn nicht: „Dann kauf dir eben eins!"

Ich bin sprachlos und überlege, wie ich ihn zu einem Verkauf bewegen kann. Plötzlich kommt mir ein Einfall. Guter Dinge unterbreite ich ihm ein neues Angebot, das er nicht ablehnen kann.

Ich biete ihm an, mein *Bentley*-Cabrio zum Teil des Deals zu machen, wenn er zustimmt. Der Wagen hat einen prominenten Vorbesitzer, der eine geschäftliche Beziehung zu Reichelt pflegt. Ich sage ihm, dass der Wagen aus diesem Grund sowieso viel besser zu ihm passen würde.

Nach langen Verhandlungen bleibt das Auto schlussendlich bei mir, aber der Kauf kommt dennoch zustande, allerdings nur in Verbindung mit dem Rasierstuhl. Mit dem Preis bin ich am Ende zufrieden, weil 2011, nur wenige Jahre nach der Finanzkrise in den USA, der Markt für Rennboote nicht gerade floriert. Die Preise sind vergleichsweise günstig, was mir bei den Verhandlungen zugutekommt.

Und so unterzeichnen wir am 31. Januar 2012 den Vertrag, der den Verkauf des Bootes zwischen Hannes-Gustav und mir regelt. Die Legende – oder vielmehr das, was von ihr übriggeblieben ist – gehört endlich mir.

Nun beginnt die Zeit, in der Mike McMajor und ich uns immer besser kennenlernen. Gemeinsam erarbeiten wir ein Konzept, wie wir das Boot wiederaufbauen, sozusagen neu entstehen lassen. Ich erkläre Mike, was ich mir vorstelle, er hört zu, denkt nach – und sagt mir, was es kosten soll. Nach längerer Zeit haben wir einen klaren Deal und die Wiederauferstehung der Speedboot-Legende kann beginnen.

Während der Renovationsphase schauen mich die besten Techniker oft ungläubig an, wenn ich ihnen mitteile, was ich mit dem Boot vorhabe.

Meine Antwort darauf ist dann stets: „Ich mache das! Ich werde von den USA nach Kuba fahren. Baut ihr das Boot, mit dem das möglich ist!"

Und genau das tun sie. Da ich in allen Dingen, die ich wirklich will, absoluter Perfektionist bin, präsentiere ich ihnen meine Wunschliste. Ich stelle mir einige Dinge vor, die bei Rennbooten eigentlich unüblich sind – wie zum Beispiel Navigationssysteme. Ich weiß, dass ich sie auf meinem Trip von Key West nach Havanna brauchen werde. Ich würde eine lange Strecke bei hohem Wellengang fahren. Ohne präzise Navigation würde ich womöglich niemals ankommen. Und es würde noch eine Menge anderer Besonderheiten brauchen.

KAPITEL 3

APACHE STAR

Als ich die *Apache Heritage* zum ersten Mal sehe, nachdem ich sie endlich mein Eigen nennen kann, wird mir sofort klar, wie speziell unsere Verbindung ist. Sie hat für mich eine besondere Aura, fängt mich ein mit ihrem Mythos. Vermutlich liegt das daran, dass ich in ihr etwas sehe, was ich dereinst aus ihr machen werde. Dabei ist es anfangs eigentlich nur ein Rumpf, fast ohne Innenleben. Frauen verstehen so etwas nicht, Männer schon. Deshalb dieser Vergleich: Es ist Liebe auf den ersten Blick, ich spüre Schmetterlinge im Bauch. Oder soll ich sagen: Benzin im Blut? Höchstwahrscheinlich handelt es sich um eine Mischung aus beidem.

Ein solches Boot ist nicht bloß eine Maschine, es ist eine Verbindung von Hightech, Leidenschaft, Metall und Carbon. 2011 ist es genau das, was ich suche – sie ist perfekt für mich: Dieses Schiff ist mein Star. Daher auch der neue Name: *Apache Star*. Vor allem ist es pure Kraft. 2700 PS. Sie hat 15 Mal so viel Leistung wie die *Riva* meines Vaters, die mich damals als Junge unbändig auf dem Gardasee in ihren Bann zog. Und immerhin hat sie noch acht Mal so viel Power wie ein *Porsche 911 Carrera 4*, das Spitzenmodell aus Zuffenhausen, das mit meiner *Apache* das Baujahr teilt. Verglichen mit den späteren Schiffen meines Vaters ist die *Apache Star* ein Zwerg: 15 Meter lang, zweieinhalb Meter breit, zehneinhalb Tonnen schwer. Aber es geht ja auch nicht darum, auf einem Sonnendeck zu entspannen. Es geht um Geschwindigkeit bei hohem Wellengang. Und in dieser Hinsicht ist die *Apache Star* unschlagbar. Außerdem ist sie wunderschön, ihre Proportionen sind perfekt, der lange schlanke Körper strahlt Kraft, Eleganz und Angriffslust aus – die wahr gewordene Faszination.

Nach dem Kauf lasse ich neue *Mercury Racing*-Motoren einbauen. Diese müssen als Erstes eingebaut werden, da die Größe der Motoren gleichzeitig die Größe des Hecks bestimmt. Sie katapultieren die mehr als zehn Tonnen Gewicht auf eine atemberaubende Geschwindigkeit von 130 Meilen pro Stunde. Wäre es ein Auto, würde der Tachometer 210 km/h anzeigen. Das Boot jedoch fährt diese Geschwindigkeit auf dem offenen, rauen Meer und nicht auf einem glatt geteerten Stück Bundesautobahn. Gemeinsam haben Wasser und Beton allerdings eines: Ab einer gewissen Geschwindigkeit ist Wasser ebenso hart. Bei 210 km/h ist dies gewiss der Fall. Wenn man bei diesem Tempo auf das Wasser aufschlägt, ist es so, als würde man gegen eine Wand fahren.

Die *Apache Star* ist unbestritten das bekannteste und hochwertigste V-Rumpf-Rennboot, das jemals und bis heute in den Vereinigten Staaten gebaut wurde. Vier Mann sind notwendig, um den Boliden im Rennmodus zu steuern. Neben mir als Piloten brauche ich einen Co-Piloten, einen Navigator und einen Renningenieur, um die knapp 3000 PS optimal ausfahren zu können. Technik und Ausstattung meines Bootes kommen nicht von irgendeiner Werft, sondern aus dem Flugzeugbau. Das ist nötig, wenn man mit 200 km/h über das Meer jagt. Irgendwie passend, wie ich finde: Top-Technik für ein Boot der Top-Klasse.

Da ich – wie gesagt – ein Perfektionist bin, kümmere ich mich in den kommenden Wochen um jedes Detail. Wo der US-Standard mir nicht gefällt oder nicht gut genug ist, lasse ich nacharbeiten, erneuern oder sogleich austauschen. Die Sitze werden bei *Recaro* eigens auf mein Körpermaß angefertigt und aufgepolstert. Das Leder der Polsterung ist silberfarben und wasserabweisend, den Rest des Cockpits lasse ich mit Leder der Marke *Bentley* beziehen.

Von der Marke *Momo* bestelle ich zwei Lenkräder – eigentlich arbeitet die Firma für die Formel 1, aber es macht ihr großen Spaß, entsprechende Modelle für mich herzustellen. Auch die Lufthutzen, mit denen die beiden Motoren der *Apache Star* beatmet werden, sind Formel 1-Style. Sie gehen auf *Ferrari*-Technik zurück und versorgen die Motoren mit der dafür notwendigen Luftkühlung.

Weil ich weiß, was mich da draußen auf dem offenen Meer erwartet, achte ich vor allem auf die Details der Windschutzscheibe. Ein Hersteller von Scheiben für Kampfjets der United States Air Force hat das nötige Know-how. Er baut eine zentimeterdicke Scheibe und bedampft sie auf meinen Wunsch hin außen mit transparenter grüner Farbe: Das ist Sonnenschutz für mich und meinen Co-Piloten, weil wir sonst von dem auf dem Wasser reflektierenden Sonnenlicht geblendet werden würden. Auch für diesen Hersteller ist das alles Neuland. Sechs Monate dauert die Entwicklung der Scheibe, weil zahlreiche Tests absolviert werden müssen und die Herausforderungen an das Material bei hohen Geschwindigkeiten auf dem Wasser ganz andere sind als in großer Höhe. Selbst die Außenspiegel sind Sonderanfertigungen: *McLaren*, sonst eines der Top-Teams der Formel 1, fertigte sie für die *Apache Star* an – natürlich auf Maß.

Jedes Detail soll garantieren, dass ich für die Langstrecke bei hohem Wellengang perfekt gerüstet bin. Am Ende zeigt sich: Das ist die Stärke dieses Bootes. Der unzerstörbare Rumpf ist massiv und entsprechend schwer. Eine durch die doppelte Verlängerung der Antriebsaufhänger erreichte Gesamtlänge von fast 17 Metern bietet dem Boot bei starken Wellen Stabilität. Damit die Crew die Wucht der harten Schläge erträgt, wird eine massive Titanbodenplatte auf einem Doppelfederungslager im Rumpf befestigt. Das ist bis heute ein einzigartiges System und ein Geschenk des ehemaligen US-Präsidenten George Bush senior an Mike McMajor. Bush ist selbst *Apache Powerboats* gefahren. Mike McMajor, der bereits in den 1970er Jahren für die US-Regierung gearbeitet hat und Bestandteil der Projektgruppe für die Konstruktion von US-Militärschiffen war, hat diese Konstruktion ausgetüftelt und baut sie nun in die *Apache Star* ein.

Für die Techniker der Werft bin ich längst kein Spinner mehr. Sie merken schnell, dass ich weiß, wovon ich rede. Einerseits fordert es sie heraus, die vielen aufwendigen Details umzusetzen, andererseits macht es ihnen aber auch Freude und stachelt ihren Ehrgeiz an. Nun können sie ihre Kompetenzen unter Beweis stellen.

Es wundert sie daher nicht, dass ich auch bei der Farbe eine besondere Vorstellung habe: Ich will Neonorange – nicht ahnend, dass diese wirklich unübersehbare Farbe weltweit ausschließlich Polizei- und Rettungsfahrzeugen vorbehalten und für anderweitige Nutzung verboten ist. Da sie deshalb also eigentlich nicht zu bekommen ist, lasse ich 100 Liter davon selber in Deutschland produzieren und nach Miami in die Werft bringen. Dass Neonorange nicht nur verboten ist, sondern auch empfindlich auf Sonnenlicht reagiert und verblasst, merke ich erst später. Am Ende hat die *Apache Star* die Optik eines neonorangen Pfeils – und ist ab da nicht mehr nur unschlagbar, sondern auch unübersehbar.

Ebenfalls unüblich für Rennboote ist der Einbau einer Klimaanlage. Auf meinen Wunsch hin ließ ich eine aus dem Flugzeugbau für die *Apache Star* anfertigen. Ihre Auslassdüsen sind so konstruiert und installiert, dass sie sehr gezielt Kopfhaut und Stirn kühlen, damit kein Schweiß in die Augen läuft und die Sicht trübt. So eine an sich harmlose Sache kann bei Highspeed auf dem Meer tödliche Folgen haben.

Wenn ich heute an diese Monate zurückdenke, wundere ich mich immer noch, wie wir das alles Schritt für Schritt geschafft haben. Es dauerte zweieinhalb Jahre, um aus dem alten Rumpf die neue *Apache Star* entstehen zu lassen – sozusagen Phönix aus der Asche, schöner und besser als jemals zuvor.

Der Preis für dieses Boot? Danach bin ich oft gefragt worden, von Journalisten in Deutschland und auch in Übersee. Alle bekamen stets die gleiche Antwort: Es gibt keinen Preis für dieses Boot. Die *Apache Star* ist unverkäuflich – sie ist unbezahlbar, hat also keinen Preis.

Mein Vater, der das alles aus der Ferne beobachtet, ist verwirrt. Er wundert sich, warum der Bau eines so kleinen Bootes zweieinhalb Jahre dauern kann.

Sein Kommentar lautete: „Willst du die *Titanic* nachbauen lassen?" Nein, will ich nicht – sie wäre mir zu groß, vor allem zu langsam. Was ich baue, ist weit entfernt von jeder Serienproduktion, alles wird in Handarbeit erledigt. Schließlich will ich Renngeschichte schreiben. Und das gelingt nicht mit einer normierten Technik vom Fließband. Obwohl der Vergleich meines Vaters mit der *Titanic* gar nicht so abwegig ist, gibt es dennoch einen markanten Unterschied zu meinem Boot. Ich werde keinen Eisberg touchieren und untergehen. Im Gegenteil: Ich will oben bleiben, im wahrsten Sinne des Wortes, etwas realisieren, was noch keiner geschafft hat. Und da bin ich dann doch wieder bei der *Titanic*: Auch sie wollte einen Rekord einholen, nämlich die schnellste Atlantiküberquerung zwischen Europa und den USA. Etwas Ähnliches will ich auch: die schnellste Überfahrt von den USA nach Kuba. Und noch eins wird mir klar: Mein

Trip ist riskanter als der des Ozean-Riesen. Dass der am Ende sank, war menschliches Versagen. Ich habe nicht vor, zu versagen.

Wer die ruhmreiche Historie eines bereits legendären Bootes überbieten will, kann sich kein Versagen leisten. Es handelt sich um ein unfassbar schnelles Fahrzeug auf dem Wasser, das in der Szene regelrecht glorifiziert wird. Wie soll man nun die Vita dieses Bootes steigern? Zweimal im Wasser, zweimal Weltmeister. Das ist eine große Herausforderung für mich. Aber ich beschließe in diesen Tagen, sie auf jeden Fall anzunehmen und am Ende zu meistern.

KAPITEL 4

"FAHREN SIE LIEBER ZU DEN BAHAMAS"

Schließlich kommt der Tag, an dem ich vor meinem fertigen Werk stehe. Nun gilt es, die Genehmigung zur Überfahrt einzuholen. Auf Mallorca oder anderen Karibikinseln hätte ich nur ein paar harmlose Formalitäten zu regeln und würde die Leinen losmachen. Aber die Umstände auf der Route, die ich im Auge habe, lassen das nicht zu. Immerhin will ich von den USA nach Kuba fahren, ins Feindesland sozusagen, und das wollen die Amerikaner nicht.

Weil ich ahne, wie schwierig das werden könnte, mache ich mich auf die Suche nach einem Rechtsbeistand. Mir wird eine Anwältin empfohlen, die bei der Kanzlei *Squire Sanders* in Miami arbeitet: Ramona Johnson. Sie ist eine hoch angesehene, ehemalige stellvertretende US-Staatsanwältin und ist bekannt für komplexe inländische und internationale Wirtschaftsangelegenheiten. Sie ist perfekt für mein Vorhaben.

Als ich das erste Mal vor dem gigantischen Glasbau stehe, in dem sich die besagte Kanzlei befindet, empfinde ich eine Mischung aus Glücksgefühl und Aufregung. Ich weiß, dass ich gerade dabei bin, den nächsten Schritt in Richtung meines Endziels zu gehen. Zwischen dem Distrikt East Little Havana und dem Port of Miami befindet sich die Kanzlei direkt am Wasser mit Blick auf den Atlantik. Ich bin davon überzeugt, dass das ein Zeichen ist, gewissermaßen ein Wink mit dem Zaunpfahl, dass ich den richtigen Rechtsbeistand für mein Projekt gewählt habe.

Als ich den gläsernen Wolkenkratzer betrete und mit dem Aufzug in die 43. Etage fahre, empfängt mich ein gigantischer Ausblick im Westen über die Skyline von Downtown Miami und im Osten über die vorgelagerte Insel South Beach Miami. Der

Schein trügt, als mich die kleine, zierliche Blondine mit den eisblauen Augen begrüßt. Nun steht sie vor mir, trägt einen dunkelblauen Zweiteiler, der kurz oberhalb ihrer Knie endet, und macht einen äußerst eleganten Eindruck. Ich frage mich für einen kurzen Moment, ob eine so zarte Persönlichkeit den nötigen Biss und vor allem die Durchsetzungsfähigkeit hat, um meine rechtlichen Belange in Bezug auf die Embargo-Politik zu vertreten. Meine Sorgen erhärten sich, als ich ihre Reaktion sehe, während ich ihr von meinen Plänen erzähle. Kopfschüttelnd erklärt sie meinen Plan für verrückt. Und mich hält sie offenbar für irre.

Als hervorragende Anwältin, die sie ist, hat sie jedoch einen gut gemeinten Rat für mich parat: „Fahren Sie doch einfach von Miami auf die Bahamas!"

Ich grinse: „Frau Johnson, sehen sie … das ist jedoch nicht das, was ich will. Leicht erreichbare Ziele sind für mich nicht erstrebenswert. Und genau aus diesem Grund brauche ich Ihre Unterstützung."

Es scheint, als wäre sie von meiner Antwort beeindruckt. Durchsetzungsfähigkeit, Kampfgeist und Zielstrebigkeit waren schon seit jeher meine Tugenden. Und so braucht es nicht lange, um sie von meiner Vision zu überzeugen. Noch am selben Tag unterzeichne ich den Mandatsvertrag und Ramona macht sich an die Arbeit. Nun geht es darum, die Konditionen auszuloten, unter denen wir von der US-Regierung eine Genehmigung für die Überfahrt bekommen könnten. Dass aus diesen Recherchen am Ende so eine Art Diplomarbeit zu amerikanischer Embargo-Politik werden würde, ahnen wir zu diesem Zeitpunkt noch nicht.

Zusammen mit Ramona stelle ich ein Team zusammen, das tief eintauchen soll in die komplizierten Regeln der amerikanisch-kubanischen Beziehungen, die es eigentlich nicht gibt und die, wenn man sie denn überhaupt als Beziehungen titulieren kann, miserabel sind. Während meiner Aufenthalte in Florida besuche ich Ramona oft in der Kanzlei. Hinter meterhohen Papierstapeln verstecken sich die brillantesten Genies und tüfteln eine geeignete Strategie zur Umsetzung meines Vorhabens aus.

Nach wochenlangem Studieren von Paragraphen und Gesetzestexten finden wir heraus, dass nur eine einzige Chance besteht, mein Projekt zu realisieren: Es muss ein offizielles Sport-Event stattfinden. Bei unseren Recherchen erfahren wir zu unserer großen Verblüffung, dass es eine solche Überfahrt schon einmal gegeben hat. 1958, also bereits unter der Herrschaft der Kommunisten, war ein Boot von Miami nach Kuba gefahren. Damals hat es sechs Stunden, 24 Minuten und 40 Sekunden gebraucht. Die Gesetze stellen mich vor die Wahl: Entweder stelle ich einen Weltrekord auf oder ich begrabe meine Idee augenblicklich. Da ich ein ehrgeiziger Mann bin, der sich von seinen Visionen nicht abbringen lässt, war meine Entscheidung schnell gefallen. Von mir selbst überzeugt, wie ich es nun einmal bin, zweifelte ich sowieso keine Sekunde daran, dass ich die von der damaligen Crew aufgestellte Zeit nicht schlagen könnte.

Kaum, dass wir endlich einen Weg gefunden haben, wie ich nach Kuba fahren könnte, stellen sich uns neue Hürden in den Weg. Ramona erklärt mir, dass sie mich aufgrund des Embargos nicht auf Kuba vertreten darf. Nun brauche ich also noch eine zusätzliche juristische Vertretung auf Kuba. Ramona verschafft mir den Kontakt zu Lorena Diaz Loewe. Sie ist Kubanerin, arbeitet jedoch als Anwältin in Spanien. Darüber hinaus ist auch ihr Vater Rechtsanwalt mit vielen Verbindungen auf Kuba und dort ansässig.

Kurzerhand fliege ich nach Madrid, um mit Lorena alle Details ausführlich zu besprechen. Mit ihrer Hilfe will ich in Kuba die Lizenz für das Sport-Event beantragen, das ich brauche, um bei den Amerikanern die Erlaubnis für meine Überfahrt zu bekommen. Schnell wird mir klar, dass ich mich auf einem langen Weg befinde – buchstäblich. Aber ich will es ja nicht anders. Die Strecken Mallorca–Ibiza oder Miami–Bahamas wären unkompliziert realisierbar. Aber ich will ja weder auf die eine Insel noch auf die anderen Inseln. Ich will nach Kuba.

Ebenso wie meine Anwältin in Miami ist auch Lorena viel zu hübsch für diese nach wie vor von Männern dominierte Branche.

Ihre langen blonden Haare fallen offen über ihre Schultern. Hin und wieder streicht sie eine Strähne, die ihr in ihr liebliches Gesicht fällt, hinter das Ohr. Sie ist eine der wenigen Kubanerinnen mit blond gesträhnten Haaren, die ich kenne.

Lorena Diaz Loewe hört mir bei unserem Treffen in Madrid geduldig zu. Mittlerweile überrascht es mich nicht mehr, dass auch sie, ähnlich wie ihre Kollegin aus Miami, irritiert reagiert. Sie erklärt mir, dass es für eine Privatperson unmöglich wäre, mit einem Boot von Florida nach Kuba zu fahren. Doch es dauert nicht lange, bis ich auch sie von meinem Plan überzeugt und mit ins Boot geholt habe. Sie wird mich zukünftig auf Kuba rechtlich vertreten, ebenso wie ihr Vater: Professor Rodrigo Diaz Francisco.

Durch ihn erfahre ich, dass ich einen Sponsor brauche, der mein Vorhaben auf der Insel unterstützt. Dann würde meine Idee die Vorgaben der dortigen Gesetze erfüllen, also nicht als Bruch von Vereinbarungen gewertet werden. Schnell wird mir klar: Der Professor ist Gold wert. Durch seine Hilfe bekomme ich die offizielle Einladung von der kubanischen Regierung, meinen Weltrekordversuch zu wagen. Und er hilft mir außerdem, einen Sponsor und Veranstalter zu finden – den *Club Náutico International Hemingway de Cuba*.

Das ist jener Club, in dessen Bar auf ewig in einer Ecke ein Tisch für Hemingway reserviert ist. Daher auch der Name. Kein schlechtes Omen, finde ich: Ein Club mit dem Namen des berühmten Schriftstellers, der als wagemutig galt und nicht leicht von dem abzubringen war, was er sich einmal in den Kopf gesetzt hatte. Als ich diese Nachricht bekomme, fühle ich mich meinem Ziel einen riesigen Schritt näher – mein Traum könnte schon bald wahr werden.

Nun, da ich mit Hilfe des *Clubs* auf Kuba eine offizielle Sportveranstaltung plane, muss auch ein konkreter Termin vereinbart werden. Es ist Mai im Jahre 2013 und ich habe die Hoffnung, im Herbst dieses Jahres starten zu können. Kurz danach liegen alle

Papiere bei meiner Anwältin in Madrid, die sie anschließend an ihre Kollegin in Miami weiterleitet. Dass das Ganze erheblich länger dauern und sehr kompliziert werden wird, ahnt zu diesem Zeitpunkt noch niemand.

Drei Monate später glauben wir, alles beisammen zu haben. Wir haben das Gefühl, Tausende Voraussetzungen erfüllen zu müssen. Die Crew, die mich begleiten soll, muss polizeiliche Führungszeugnisse vorlegen. Außerdem wird uns streng untersagt, irgendwelche Nahrungsmittel mit auf das Boot zu nehmen. Ich grinse: Wir gehen nicht auf eine Kreuzfahrt, für Essen und Trinken dürfte unterwegs keine Zeit sein und Platz ist dafür ohnehin nicht vorhanden. Aber selbst Geld dürfen wir nicht in der Tasche haben, denn Währungen jeglicher Art nach Kuba einzuführen ist strengstens verboten. Dies sind nur einige der Voraussetzungen, die wir erfüllen müssen. Der dicke Packen Papier enthält Vorschriften ohne Ende und ist unendlich komplex. Auch die Zeitfenster für die Überfahrt sind im Minutentakt vorgeschrieben. Wir definieren unser Vorhaben in Zusammenhang mit Gesetzestexten, checken unsere Arbeit mehrfach gegen, ob auch nichts vergessen wurde – und reichen den offiziellen Antrag auf die Durchführung eines Weltrekordversuchs von den USA nach Kuba bei den zuständigen Behörden in Washington ein.

Es ist der Sommer im Jahre 2013. Irgendwie fühle ich mich, als würde ich eine Diplomarbeit zur Prüfung vorlegen. Das Werk hat inzwischen gut 30 Seiten und ist vollgestopft mit Details, die geregelt werden müssen in Zeiten, in denen das Embargo der USA gegen Kuba noch voll greift. Mein Herz schlägt im Rhythmus eines Technobeats, ist vollgepumpt mit Adrenalin und ich stehe kurz vor einem Kollaps. So lange hatte ich auf diesen Moment mit meinen Rechtsbeiständen hingearbeitet, etliche Gesetzestexte durchforstet und nun war es endlich soweit. Es ist vollbracht. Ich kann es kaum glauben.

KAPITEL 5

GEGEN POLITISCHE INTERESSEN DER USA

Drei Monate warte ich ungeduldig auf die Antwort aus Washington. Mich zerreißt es fast vor Nervosität und Anspannung. Es fällt mir schwer, mich auf andere Dinge zu konzentrieren. Ich habe nur noch meine Überfahrt nach Kuba im Kopf. Als mich Ende 2013 endlich die Nachricht erreicht, bin ich verblüfft. Auf dem postalisch mir zugesandten offiziellen Dokument der US-Regierung fällt mir sofort das klare *No!* auf. Mein Antrag wurde abgelehnt. Ich bin fassungslos. Wieder und wieder lese ich den Brief durch. Ich suche nach einer Antwort, nach einem Grund für die Ablehnung. Nachdem sich der erste Schock gelöst hat, macht sich eine herbe Mischung aus Traurigkeit und Wut in mir breit. Nach allem, was ich mir erarbeitet habe, soll mir jetzt so ein lächerliches Blatt Papier einen Strich durch die Rechnung machen? Das hätte ich nicht erwartet, nicht von Präsident Barack Obama, dem demokratischen Friedensnobelpreisträger!

Aber nicht mit mir. Mein Kampfgeist ist erneut entfacht. Ich werde so kurz vor dem Ziel nicht aufgeben. Das steht fest. Aber was soll ich nur tun? Wenn ich jemals an das Sprichwort „Jetzt ist guter Rat teuer" geglaubt habe, dann in diesem Augenblick.

Ramona, meine Anwältin aus Miami, kann nicht wirklich erklären, was passiert ist. Sie scheint ebenso enttäuscht zu sein wie ich. Unsere gemeinsame Mission ist gescheitert. Zornig werfe ich ihr entgegen, dass ich ein konkretes Argument hören möchte, warum die US-Regierung mir die Genehmigung verweigert. So viel Herzblut und so viel Energie habe ich in dieses Projekt gesteckt – vom Geld ganz zu schweigen. Aber je länger ich darüber nachdenke, desto mehr wächst die Entschlossenheit in mir.

Ramona ist drauf und dran, mich zu beruhigen, doch noch bevor sie den Satz beenden kann, falle ich ihr ins Wort: „Ich lege Einspruch ein!"

„Mr. Klüh, ich bitte Sie", fährt sie sachte fort. „Ein Widerspruch wird ebenso wenig Erfolg verzeichnen."

Meine beiden Anwältinnen raten mir ab, aber niemand kann mich von meinem Vorhaben abbringen. Auf meine Bitte hin schickt Ramona einen ihrer Kollegen nach Washington. In einem persönlichen Gespräch wird ihm mitgeteilt, dass ein solches Event mit den politischen Interessen der USA nicht vereinbar ist.

Da war er nun – der Grund, den ich gesucht habe. Ich bin davon ausgegangen, dass ich unwissentlich gesetzliche Auflagen oder Bedingungen nicht erfüllt habe. Doch dem war nicht so. Mit Bedauern muss ich feststellen, dass ich die politischen Konflikte zwischen den Vereinigten Staaten von Amerika und Kuba unterschätzt habe. Obwohl es sich hierbei um eine reine Sportveranstaltung handelt und ich Deutscher bin, hat die US-Regierung allein politische Aspekte im Blick. Im Nachhinein gesehen, hätte ich das wohl erahnen können. Dennoch ändert die späte Einsicht nichts an meiner emotionalen Mischung aus Trübsal und Zorn. Ich bewege mich plötzlich in einer merkwürdigen Grauzone. Ich habe alle gesetzlichen Auflagen erfüllt und dennoch eine Absage erhalten.

Meiner Crew und auch den Beteiligten auf Kuba muss ich dennoch erzählen, wie es aussieht. Aber gleichzeitig verspreche ich ihnen, nicht zu kapitulieren. Mehr denn je will ich der Erste sein, der nach fast 60 Jahren von den USA über den Atlantik direkt nach Kuba fährt. Unter dem Druck der Absage fühle ich mich stärker denn je. Mein Ehrgeiz ist angestachelt. Durchhaltevermögen und Zielstrebigkeit zeichnen mich aus. Ich bin nicht der „Plan B-Typ". Ich fange langsam an, das Ganze persönlich zu nehmen und fühle mich angegriffen. Dies ist mein Kampf und ich werde ihn gewinnen.

Meine Familie ist nicht besonders begeistert von meinem riskanten Plan. Vor allem meine Mutter wäre unglaublich dankbar, wenn ich meine Niederlage akzeptieren und mein waghalsiges Abenteuer auf hoher See nicht stattfinden würde. Als ich den Mitgliedern meiner Familie anfangs von meiner Idee erzählte, haben sie noch geschmunzelt. Keiner von ihnen hätte damals gedacht, dass ich eines Tages einen Papierkrieg mit der US-Regierung ausfechten würde.

Extravagante Vorstellungen hatte ich schon immer. Bescheiden war ich nie. Dennoch bin ich kein selbstsüchtiger Materialist und angesichts meiner Möglichkeiten lebe ich sehr bodenständig. Ich stecke meine Ziele eben schon immer sehr hoch, viel höher, als manch einer zu träumen vermag. Aber ich finde nun einmal Gefallen an außergewöhnlichen Dingen und das scheinbar Unmögliche reizt mich. Aus diesem Grund hielt mich meine Familie nicht für verrückt, als ich ihr zum ersten Mal von meiner Idee erzählte. Ganz im Gegenteil: Sie trauen mir so etwas zu.

Doch mittlerweile strapaziere ich ganz schön ihre Nerven. Ich rede von nichts anderem mehr. In meinem Leben dreht sich seit Monaten alles um USA–Kuba. Bei einigen Verwandten und Freunden merke ich schon, dass sie es nicht mehr hören können. Sie glauben, ich habe mich verrannt und in ein Thema festgebissen, das nie eine reelle Chance gehabt hat.

Der Einzige, der von Beginn weg an mich geglaubt und mir den Rücken gestärkt hat, ist mein Freund Coordt von Mannstein. In der Polit- und Werbeszene ist er längst zur lebenden Legende geworden. Er hat Politiker wie Helmut Kohl und Guido Westerwelle beraten, mit sagenhaftem Erfolg. Er ist ein Mann mit großen Ideen und mit dem Wissen, wie man Theorien, Ideen und Visionen Realität werden lässt. Mein Vorhaben findet er grenzwertig, politisch hochsensibel, aber gut. Ich glaube, es fasziniert ihn – nicht zuletzt, weil er spürt, mit welcher Hartnäckigkeit ich an meinem Projekt festhalte. Außerdem reizt es ihn, vermeintlich Aussichtsloses anzupacken. Womöglich erinnert ihn das an eigene Projekte, bei denen die Erfolgsaussichten zunächst auch nicht rosig aussahen.

Es ist ein Mittwoch, an dem mich die nächste Nachricht aus Washington erreicht. *Einspruch abgelehnt!* Ich kann es nicht fassen. Anfang 2014 habe ich den Einspruch nach erneutem, monatelangem Durchwälzen von Gesetzestexten einreichen lassen. Die US-Regierung prüft mein Durchhaltevermögen tatsächlich auf Herz und Nieren. Ich habe eine zweite Niederlage zu verzeichnen. Ramona hat mich gewarnt, aber ich wollte es nicht wahrhaben. Ich wollte nicht kampflos aufgeben und das Feld räumen.

Die Monate vergehen. Der Herbst ist längst vorbei und das Jahr 2014 neigt sich dem Ende zu. Trübe und nasskalte Tage reihen sich aneinander, Woche für Woche. Die Winterdepression hat die Menschen voll im Griff. Doch nun wird diese durch die Vorfreude auf ein besinnliches Weihnachtsfest vertrieben. Die Schaufenster sind mit Lebkuchenmännern, künstlichen Schneeflocken und kitschigen, bunt leuchtenden Plastikweihnachtsbäumen dekoriert.

Eines kalten Winterabends bin ich auf dem Weg zur alljährlichen Firmenweihnachtsfeier unseres Familienunternehmens. Im Auto trällert die Gruppe *Wham!* wie jedes Jahr zu dieser Zeit *Last Christmas* in Dauerschleife. Ich frage mich ernsthaft, wie die Leute nach 30 Jahren immer noch nicht genug von diesem Lied bekommen können. *Antenne Düsseldorf* lässt mir keine andere Wahl, als umzuschalten. Ich traue meinen Ohren nicht, als ich die Nachrichten des *WDR* höre.

US-Präsident Barack Obama verkündete in einer Pressekonferenz, dass er die Beziehung zu Kuba verbessern wolle. Er will das nach wie vor kommunistische Land von der Liste der Terrorstaaten streichen. Weiter führt er an, dass nun die Zeit für eine neue Annäherung gekommen sei.

Völlig aufgelöst trete ich wie ein Irrer auf die Bremse. Der Fahrer des Wagens hinter mir lässt mich seine Wut durch hemmungsloses Hupen spüren. Wie Passanten, die an einer Litfaßsäule vorbeigehen, so geht auch dies spurlos an mir vorbei. Ich bin sprachlos, steige aus dem Auto aus und inhaliere die eiskalte, frische Luft. Dann plötzlich trifft es mich wie der Blitz! Das ist meine Chance. Die muss ich für einen erneuten Anlauf nutzen.

Mein Sportevent könnte ein Symbol für die Völkerverständigung zwischen den USA und Kuba werden! Ich bin überzeugt davon, dass die US-Regierung mir in dieser Hinsicht zustimmen würde. Ich höre allerdings auch, wie wenig Obamas Idee in seiner Heimat auf Gegenliebe stößt. Selbst in seiner eigenen Partei, bei den Demokraten, sind längst nicht alle begeistert. Das wird mir von Bekannten aus den USA berichtet.

Aber das ist mir egal, denn ich sehe neue Perspektiven. Noch bevor ich erneut in das Auto steige und zur Weihnachtsfeier fahre, rufe ich meine Anwältin in Miami an. Euphorisch und voller Enthusiasmus erzähle ich ihr von den Neuigkeiten. Ich gebe ihr die Anweisung, sofort einen neuen Antrag auszuarbeiten. Ich nehme den nächsten Flug nach Florida, um mich persönlich vor Ort um alle Details zu kümmern. Alles wird auf null gestellt, ein neuer Antrag muss her, aber unter denselben Rahmenbedingungen. Anders gesagt: Die Diplomarbeit wird erneut geschrieben und erneut eingereicht.

In dem neuen Antrag muss ich meine Überfahrt auf einen bestimmten Tag und eine bestimmte Uhrzeit festlegen. Ich nehme Kontakt zu Commodore Esteban dem Chef der *Marina Hemingway* auf Kuba, auf und bespreche mit ihm mögliche Termine. Er hat sehr konkrete Vorstellungen: Es müsse ein Tag im Sommer sein und zwar an einem Wochenende, damit möglichst viele Kubaner teilnehmen können. Er schlägt den 1. August 2015 vor. An diesem Samstag soll ich mittags in Havanna an der berühmten Promenade, dem Malecón, eintreffen. Ich kalkuliere den Zeitplan ungefähr durch, berechne die Zeit, die mein Antrag vermutlich in Washington brauchen wird, um durch alle Instanzen zu gehen und rechne vorsichtshalber noch ein paar Wochen zusätzlich ein, um alles vorbereiten zu können. Ich warte noch auf die Erteilung von drei Lizenzen: eine von der US-Regierung, eine von der US-Küstenwache und eine vom US-Zoll für die temporäre Ausfuhr des Bootes von den USA nach Kuba. Am Ende eignet sich der 1. August sehr gut. Meine Startzeit lege ich auf 10 Uhr vormittags fest. Das sollte reichen, um gegen Mittag in Havanna an Land gehen zu können.

Es ist der 20. März 2015, also knapp viereinhalb Monate vor dem gewünschten Starttermin, als ich den neuen Antrag in Washington einreichen lasse. Das ist gleichzeitig auch der letzte Tag, an dem ich mich vor der Fahrt rasiere – ein Ritual aus vergangenen Eishockey-Zeiten: Ab dem Start der Play-offs sprießt der Bart, bis der letzte Sieg errungen ist. Beim Blick in den Spiegel an diesem Tag bete ich inständig:

„Hoffentlich wird der Bart am Ende nicht bis über die Knie reichen!"

Am Boot jedenfalls wird es nicht scheitern, denn die *Apache Star* ist fertig. Bei ersten Probefahrten merke ich: Alles ist perfekt, ich bin zufrieden. Sie ist so geworden, wie ich sie mir vorgestellt und in langer Detailarbeit habe erbauen lassen. Ich fühle, wie sie mit den Hufen scharrt und endlich loslegen will. Sie möchte zeigen, was sie drauf hat, denn so etwas hat die Welt noch nicht gesehen.

Doch bevor es soweit ist, heißt es wieder abwarten. Ich bin mir ziemlich sicher, dass meine Geduld noch nie so sehr auf die Probe gestellt wurde wie in diesen Zeiten. Ich hasse es, auf andere Menschen angewiesen zu sein und auf die Fertigstellung ihrer Arbeit warten zu müssen. Doch wer auch immer über meinen Antrag entscheiden muss – er (oder sie) hat keine Eile. Und so vergehen Tage und Wochen. Meine Gemütslage sinkt, während die Zahl der vergangenen Tage dieses Kalenderjahres steigt. Mir läuft die Zeit davon. Je näher der 1. August rückt, desto öfter reagiere ich genervt auf meine Mitmenschen. Ich weiß noch nicht einmal, ob ich fahren darf oder nicht. Aber wenn ich die Genehmigung erhalten würde, dann müsste ich noch einige Vorkehrungen treffen. Und dafür bräuchte ich eigentlich noch mehr Zeit.

Aber nichts passiert und meine Nervosität steigt. Eines Tages sitze ich bei meinem Freund Muhammet Genc in dessen Zigarrenlounge. Mit einem Espresso in der einen und einer kubanischen Zigarre in der anderen Hand unterhalte ich mich wie bereits des Öfteren mit Coordt von Mannstein über mein USA–Kuba-Projekt. Er ist mir in diesen Zeiten ein wirklich guter Freund und versucht, mich zu beruhigen. In dem Gespräch fragt er mich nach den Pressekontakten der *Marina Hemingway*. Ich bin über die Frage etwas verblüfft, da ich sie nicht erwartet hatte. Für einen kurzen Moment halte ich inne, während ich intensiv darüber nachdenke.

Skeptisch eröffne ich Coordt meine Bedenken: „Ich kann mir nicht vorstellen, dass diese allzu üppig ausfallen."

Vor meinem geistigen Auge sehe ich einen einsamen Reporter. Er kommt auf einem klapprigen Fahrrad einen holprigen Weg daher. Unter seinem Arm klemmt ein kleiner Notizblock. Als er vor mir anhält, sehe ich ihn aus seiner alten, ledernen Umhängetasche einen Bleistift herauskramen.

Trotz Bedenken gebe ich die Anfrage an die *Marina* weiter. Als ich kurze Zeit später eine Rückmeldung bekomme, versetzt es mich in Staunen. Ich erhalte eine beeindruckende Liste mit internationalen Medienkontakten. Das ständige Rumsitzen und endlose Warten auf eine Antwort aus Washington machen mich noch wahnsinnig. Ich habe das Gefühl, als ob ich irgendetwas tun müsste. Plötzlich schießt mir eine Idee durch den Kopf: Ich könnte doch eine Pressekonferenz auf Kuba abhalten! Coordt, der Medienprofi, ist ebenso begeistert von meiner Idee wie ich. Er bietet mir an, eine Pressemappe vorzubereiten. Diese soll alle Eckdaten in englischer Sprache beinhalten, welche meine Überfahrt von den USA nach Kuba aufzeigen.

Es dauert nur wenige Tage bis zur Fertigstellung meines Presse-Kits. Als ich die erste Ausgabe stolz in meinen Händen halte, bin ich mir sicher, dass eine Pressekonferenz einen weiteren wichtigen Meilenstein meines Projektes darstellen wird.

Als ich gerade mehr und mehr mit meinen Gedanken abschweife, unterbricht mich Coordt: „Wie viele brauchst du denn?"

Er hat mich kalt erwischt. Ich sage ihm, dass ich keine Ahnung habe.

„Vielleicht eine, vielleicht 30?", murmle ich.

Woher soll ich es auch wissen? Ich weiß ja nicht, wie die Resonanz sein wird.

Zwei Tage später sitze ich erneut im Flugzeug Richtung Kuba. Commodore Esteban ist Veranstalter der Pressekonferenz, da sie in der *Marina Hemingway* stattfinden wird. Als ich in Havanna lande, mache ich mich sofort auf in die *Marina*, da ich keine Zeit mehr verlieren möchte. Ich habe das lange Warten satt und könnte mir nicht vorstellen, mich nun erst einmal im Hotel zu entspannen und Kaffee zu trinken.

Der Commodore empfängt mich auf der Terrasse mit Blick auf den Hafen. Das ist ein Anblick, der mir das Herz höherschlagen lässt. Esteban ist ein wahrer Kommandant, wie man ihn sich vorstellt. Sein militärischer Auftritt ist respekteinflößend: kurze, klare Ansagen in einem lautstarken Ton gepaart mit seiner aufrechten Haltung – ein wahrer Befehlshaber. Weil mein Spanisch über *Hola*, *Adiós* und *Gracias* nicht hinausgeht, habe ich aufgrund seiner Tonalität den Eindruck, als wäre er andauernd aufgebracht. Dank eines Dolmetschers erkenne ich jedoch immer wieder, dass dem nicht so ist. Ganz im Gegenteil: Der Commodore ist mein einziger Verbündeter auf Kuba und unterstützt mich, wo er nur kann. Er erwartet mein Ankommen in Havanna mit der *Apache Star* ebenso wie ich. Für seine *Marina* bedeutet dieses außergewöhnliche Ereignis schließlich internationale Werbung.

Während wir auf der Terrasse der *Marina* sitzen, genieße ich meine erste Zigarre nach dem langen Flug. Wir sprechen über die bevorstehende Pressekonferenz und sind gerade dabei, noch wichtige Details abzuklären, als uns ein Anruf meiner Anwältin aus Miami unterbricht. Offenbar ist mein Vorhaben binnen kürzester Zeit bis in die USA durchgesickert. Ramona wirkt am Telefon beunruhigt und etwas aufgebracht. Sie bittet mich inständig, mir das Abhalten einer Pressekonferenz noch einmal zu überlegen und rät mir eindringlich davon ab. Immerhin besitze ich zum jetzigen Zeitpunkt noch keine Genehmigung und es könnte weitreichende Folgen haben, mein Projekt der Öffentlichkeit zu präsentieren.

„Mr. Klüh, wenn die US-Regierung davon erfährt, dann könnten unsere Chancen, eine Genehmigung zu erhalten, drastisch sinken!", droht sie.

Ich versuche, sie zu beruhigen – so gut es eben geht. Es war noch nie meine Stärke, eine aufgebrachte Frau zu besänftigen, auch wenn ich im Laufe meines Lebens schon einige Erfahrungen sammeln durfte. Da fällt mir ein, dass ich vermutlich nicht der einzige Mann auf der Welt bin, dem es so ergeht. Der Gedanke lässt mich schmunzeln, was Ramona scheinbar noch mehr aufbringt. Ich bemerke, dass ich völlig in Gedanken versunken bin und den Faden verloren habe.

Dann erwidere ich: „Die Pressekonferenz war die Idee der Kubaner. Diese Einladung kann ich ja wohl schlecht ablehnen."

Ja, ich weiß – ich habe geflunkert und gegen das achte Gebot verstoßen. Zum Glück bin ich nicht gläubig, denn so kann ich mir jetzt die Buße ersparen. Und dennoch habe ich ein schlechtes Gewissen. Es war zwar nur eine Notlüge, aber ich hatte keine Lust auf weitere Diskussionen. Und vorschreiben habe ich mir ohnehin noch nie etwas lassen.

Als Commodore Esteban und ich das Gespräch erneut aufnehmen, beschwört er mich, keine politischen Themen anzuschneiden und auch keine Fragen zur Politik zu beantworten. Auch er warnt mich, dass die Pressekonferenz das gesamte Projekt gefährden könnte. Mir ist das klar und ehrlich gesagt ganz recht, da es mir in erster Linie um den Sport geht. Politisch engagiert war ich noch nie und ich hatte auch nicht vor, es zu werden.

Als ich an diesem Abend im *Hotel Nacional* zu Bett gehe, verspüre ich eine leichte Aufregung. Ich bin mir in keiner Weise bewusst, was mich am kommenden Tag erwarten wird.

So wache ich nach einer unruhigen Nacht am nächsten Tag mit Jetlag um fünf Uhr morgens auf. Die Aufregung hat sich keinesfalls gelegt, eher im Gegenteil. Um sie abzuschütteln und den Kopf frei zu bekommen, ziehe ich mir knallbunte *Nike*-Turnschuhe an und laufe einfach drauf los. Das *Hotel Nacional* thront in erster Reihe über dem endlos erscheinenden Atlantik. Fidel Castro und seine Regierung haben dort sehr lange residiert. Auch zahlreiche Prominente aus aller Welt nächtigten hier. Ich laufe durch das parkähnlich angelegte Grundstück dem Horizont entgegen, verlasse die Hotelanlage und finde mich auf der berühmten Hafenpromenade von Kuba wieder – dem *El Malecón*. Ich laufe die acht Kilometer lange, steinerne Uferstraße entlang und stelle fest, dass hier zu jeder Tages- und Nachtzeit Betrieb herrscht. Einheimische sitzen auf dem Steindamm, angeln, hören Musik oder unterhalten sich. Auf dem Weg zum Hafen spreche ich mit einem Fischer. Er zeigt mir die Untiefen vor dem *Malecón* auf und erklärt mir, wie nahe ich mit dem Boot an die Uferpromenade heranfahren kann.

Um zehn Uhr erscheine ich pünktlich zur Pressekonferenz in der *Marina Hemingway*. Der Commodore führt mich persönlich in den Raum, in dem die Journalisten bereits ungeduldig warten. Der Atem stockt mir, als ich all die Menschen dort sehe. Ein eiskalter Schauer läuft mir den Rücken hinunter und die Aufregung, die ich eben noch mit dem Lauschen der Wellen auf der Promenade verloren habe, beginnt jetzt erneut in mir hochzusteigen. Der kleine Raum ist voller Journalisten, Fotografen und Kamerateams aus den unterschiedlichsten Ländern. Also kann keine Rede mehr sein von dem Reporter auf dem klapprigen Rad mit dem Bleistift! Ich bin erstaunt und hätte niemals mit so einer Resonanz gerechnet. Meine Pressemappen sind natürlich sofort vergriffen.

Ich lasse den *Trailer*, den ich zuvor in Düsseldorf und Miami habe drehen lassen, abspielen. Der Film dauert vier Minuten und dokumentiert die Vorbereitungen meines Projektes. Mike McMajor erzählt am Anfang des Videos in ein paar kurzen Worten die Geschichte der *Apache Heritage* und wie sie zur *Apache Star* wurde. 7000 Stunden hat es gebraucht, um das einzigartige Rennboot neu entstehen zu lassen. Mein Ärzteteam berichtet über meine physische Verfassung und über die Anforderungen, die es braucht, um den bevorstehenden extremen Bedingungen gerecht zu werden. Für den Weltrekordversuch wird mir ein *Medical Certificate* ausgestellt. Coordt von Mannstein verweist auf mein Ziel, einen Geschwindigkeitsweltrekord aufzustellen. Der Hersteller der neonorangen Farbe spricht über die Schwierigkeiten bei der Erzeugung einer solchen Signalfarbe. Des Weiteren wird demonstriert, wie die Rennschalensitze exakt auf mein Maß gefertigt wurden. Meine Ansage in dem *Trailer* dufte schließlich auch nicht fehlen. Und so lege ich mein Vorhaben dar, von dem mich nichts abbringen kann.

Kaum war der Film beendet, schießen Fragen auf mich ein, wie Pistolenkugeln auf eine Zielscheibe.

„Warum Kuba?", fragt ein Sportreporter.

„Wie lange fahren Sie schon Speedboot?", sagt ein anderer.

„Gibt es Sponsoren?", erkundigt sich ein amerikanischer Journalist.

Auf alles bin ich vorbereitet. Ich nehme mir Zeit, alle Fragen in Ruhe und ausführlich zu beantworten.

Doch plötzlich stellt ein kleiner, schmächtiger Journalist aus China die Frage aller Fragen. Es ist die wohl wichtigste Frage, die jedem auf der Zunge brennt und die sich jedoch noch keiner vor ihm zu stellen getraut hat.

„Sie haben den 1. August als Termin gesetzt – haben Sie denn schon die notwendige Genehmigung seitens der US-Regierung?", fragt er neugierig.

Die Frage erwischt mich eiskalt. Niemals hätte ich damit gerechnet, dass man mich nach der Genehmigung fragen könnte, obwohl es doch die offensichtlichste und bedeutendste aller Fragen ist. Meine Hände fangen an zu schwitzen. Warme und kalte Schübe überkommen mich und wechseln sich im Sekundentakt ab. Den Raum durchzieht auf einmal eine Totenstille. Ich blicke in hellwache Gesichter, die gespannt auf eine Antwort warten. Diese Szenerie läuft für mich in Zeitlupe ab. Die Schweißtropfen von meiner Stirn scheinen endlos zu brauchen, um auf dem Podest anzukommen, auf dem ich sitze.

Es vergehen nur einige Sekunden, doch für mich sind es ewige Minuten, bis ich meine Stimme wiederfinde und herausposaune: „Ja, ich habe die Genehmigung!"

Ein sagenhaftes Raunen durchbricht die Stille, das sich schnell in ein Murmeln und dann in ein lautes Durcheinanderreden verwandelt. Einige gucken mich ungläubig an, anderen wiederum steht die Skepsis ins Gesicht geschrieben. Kameras klicken wie wild durcheinander. Reporter beugen sich hektisch über ihre Schreibblöcke und kritzeln Notizen. Ich kann vielen ansehen, dass sie an meiner Aussage zweifeln. Aber ich bleibe ruhig und gelassen und strahle Selbstsicherheit aus.

Wie auf heißen Kohlen und mit einem mulmigen Gefühl sitze ich am nächsten Tag im Flugzeug zurück nach Düsseldorf. Zehn Stunden lang bin ich mit meinen Gedanken alleine und überlege hin und her: Klappt es oder klappt es nicht? Ich habe mich bei der Pressekonferenz weit aus dem Fenster gelehnt und behauptet, ich hätte die Genehmigung der USA. Ich habe nicht nur gegen den Ratschlag meiner Anwälte gehandelt, sondern auch noch etwas behauptet, das nicht stimmt – denn nach wie vor warte ich sehnsüchtig auf die Genehmigung der US-Regierung. Was passiert, wenn ich sie nicht rechtzeitig oder gar niemals bekommen würde? Ich überlege mir, dass ich in diesem Falle erneut die Presse in Havanna zu einem Gespräch bitten werde – und zwar bewusst genau am 1. August 2015. Ich würde allen erklären, woran das Projekt gescheitert ist: an den amerikanischen Behörden. Mit solchen Gedanken verbringe ich den ganzen Tag daheim, versuche meinen Jetlag loszuwerden und gehe am Montagmorgen wie immer ins Büro.

Ich arbeite mich durch Rechnungen, führe Telefonate und gebe meiner Assistentin Anweisungen. Doch das alles lässt mich die vergangenen Tage auf Kuba nicht vergessen. Was habe ich nur getan? Die Gewissensbisse fressen mich fast auf. Die permanente Anspannung macht mich kaputt. Ich leide unter Schlaflosigkeit aufgrund von Nervosität. Keinen klaren Gedanken kann ich mehr fassen. Ich kann mich nicht auf andere Dinge konzentrieren.

Plötzlich sehe ich, dass eine E-Mail in meinem Postfach gelandet ist. Anhand des Absenders kann ich erkennen, dass sie von der US-Regierung ist. Ich fasse es nicht – endlich eine Antwort aus Washington. So lange habe ich auf diesen Moment gewartet. Und nun ist er endlich gekommen. Ich lasse den Cursor auf die neu eingetroffene Nachricht fahren, um sie zu öffnen. Völlig aufgebracht, wie ich in diesem Moment bin, erwische ich dabei das winzige Symbol des Papierkorbs.

Ich schreie laut auf, sodass meine Sekretärin ins Büro gestürmt kommt: „Herr Klüh, was ist passiert?"

Zornig über meine eigene Dummheit schreie ich sie an: „Ich habe die wohl wichtigste Email meines Lebens gelöscht!"

Sie schmunzelt und wirkt erleichtert. „Die können sie doch ganz einfach wieder aus dem Papierkorb holen."

Ich bin heilfroh, eine solche Assistentin an meiner Seite zu haben – nicht nur in Momenten wie diesen. Aber gerade in technischen Belangen bin ich eine echte Niete.

Mit nur wenigen Klicks holt meine Assistentin die Nachricht der US-Regierung auf meinen Bildschirm zurück. Ich setze mich erneut an meinen dunkelhölzernen Schreibtisch. Mit voller Absicht werfe ich zuerst keinen Blick auf die E-Mail. Ich versuche, meine Nervosität im Zaum zu halten und meine Konzentration zurückzugewinnen. Dreimal atme ich tief ein und aus. Obwohl ich zwar immer noch nicht in der psychischen Verfassung bin, eine solch wichtige Nachricht nun zu empfangen, halte ich es dennoch nicht länger aus und fange an, zu lesen.

„Dear Mr. Klueh …"

Ich überfliege Zeile für Zeile, verstehe vor lauter Hast nur die Hälfte, bis ich auf die Worte „Authorization is hereby given" stoße. Ich kann es kaum fassen. Habe ich tatsächlich die Genehmigung erhalten? Ich lese mir die E-Mail weitere dreimal durch und diese Male mit Sorgfalt. Ich will jedes einzelne Wort verstehen und die Zusammenhänge bis ins kleinste Detail dieses Briefes analysieren. Doch nach wie vor komme ich zu demselben Ergebnis: Genehmigung erteilt! Nach einer so langen Zeit des Kampfes, der Verhandlungen, des Hoffens und des Bangens – nun ganz simpel: *Yes you can!*

Was ist passiert? Bis heute glaube ich, dass die Medien mir geholfen haben. Mein Plan ist international beschrieben worden, sogar die *New York Times* berichtete über ein sportliches Ereignis, das – nach mehr als 60 Jahren Eiszeit – in die neue, von Obama verkündete Ära einer besseren Beziehung zwischen den USA und Kuba passen würde. Das scheinen einige in Washington auch so zu sehen. Auf jeden Fall will man offensichtlich nicht als Spielverderber dastehen und sagt „Yes!". Wirklich erfahren habe ich das nie. Bis heute weiß ich nicht, was den Sinneswandel bewirkt hat.

Jedenfalls glaube ich, dass man mich ohne den enormen Mediendruck bis über den 1. August hinaus warten hätte lassen und dann den Antrag in den Müll geworfen hätte. Mir ist das jedoch egal, ich habe meine Erlaubnis, für die ich so lange gekämpft habe. Ob es Leute gibt, die das als Erpressung werten, ist mir gleichgültig – es kann losgehen, ich stehe kurz vor dem Ziel meines langen Kampfes.

KAPITEL 6

ALTERSGERECHTE INSTANDHALTUNG

Jetzt, da ich weiß, dass es bald losgehen wird, muss ich an meiner Fitness arbeiten. Ich bin als Sportler aufgewachsen und kenne die Anforderungen. Seit meinen Zeiten als Profi bei der *DEG* weiß ich, wie wichtig es ist, regelmäßig zu trainieren und auf Alkohol und ungesunde Ernährung zu verzichten. Das Gute daran ist, dass mir dies nie schwergefallen ist. Ich war stets diszipliniert und habe es nie bereut.

Aber die Zeiten als Eishockspieler sind lange vorbei. Ich bin in die Jahre gekommen, fühle mich jedoch immer noch ziemlich fit. Dafür arbeite ich regelmäßig: Ich achte auf meine Ernährung, trinke keinen Alkohol und mache Sport. „Altersgerechte Instandhaltung" nenne ich mein Programm und mit dem Ergebnis bin ich zufrieden. Ich leiste mir lediglich – als kleines Laster – meinen kubanischen Zigarrengenuss. Aber das ist in Ordnung für mich, denn meiner Meinung nach ist das Leben ohne Genuss nicht lebenswert.

Für die Fahrt mit der *Apache Star* nach Kuba reicht die altersgerechte Instandhaltung aber auf keinen Fall aus. Das ist mir klar. Ich weiß, was auf mich zukommt, wenn ich mit mehr als 200 km/h über das Meer rase und die Wellen – hart wie Beton – gegen mein Boot krachen. Es wirken dann enorme Kräfte auf den Körper ein, die mit keiner natürlichen Bewegung vergleichbar sind.

Man kann sich das in etwa so vorstellen: Fahre ich über eine Welle, dann wird das Speedboot in die Luft katapultiert. Ich gehe sodann vom Gas, wodurch die Motoren nur noch ein tosendes, turbinenartiges Geräusch von sich geben. Dies ist notwendig, da sie sonst überdrehen würden, was zu einem Motorschaden führen könnte. So weit so klar.

Doch dann kommt der schmerzhafte Teil. In jenem Moment, in dem ich mich noch in der Luft befinde, kann ich nicht wissen, ob die Wellen von links, von rechts oder sogar von beiden Seiten kommen. Sobald das Powerboot dann erneut auf der Wasseroberfläche aufschlägt, tut es weh und zwar immer woanders. Kommen Wellen von links oder rechts, dann fühlt es sich so an, als ob ein LKW meinen seitlichen Oberkörper frontal rammen würde. Zugleich schlägt mein Kopf gegen die Seitenstützen der *Recaro*-Sitze. Kommen die Wellen jedoch von beiden Seiten gleichzeitig, dann fühlt es sich in etwa so an, als würde ich in einer Schrottpresse sitzen. Kurz vor dem Aufschlag auf das betonartige Wasser gebe ich erneut Vollgas und trimme das Boot. Würde ich erst Gas geben, wenn das Boot schon wieder im Wasser ist, dann würde dies zu einem Getriebeschaden führen, da das Getriebe die Kraft nicht umsetzen kann. Dann geht das gleiche Spiel wieder von vorne los.

In Speedbooten steht man für gewöhnlich an eine Polsterung gelehnt, wodurch die Schläge mit den Beinen abgefangen werden können. Dies führt zu außergewöhnlichen Verschleißerscheinungen der Knie- und Hüftgelenke. Die *Apache Star* ist jedoch das erste V-Rumpf-Boot, in dem die Besatzung sitzt. Dies ist schonender für die Knie- und Hüftgelenke, jedoch ungünstiger für die Rücken- und Nackenmuskulatur. Ich habe zwar extra eine verstärkte Titanbodenplatte mit Sprungfedern einbauen lassen, wodurch die Schläge zumindest ein wenig absorbiert werden, jedoch hat man bei Höchstgeschwindigkeiten nicht den Eindruck, als würde irgendeine Stabilisation vorhanden sein. Zumindest fühlt man sie nicht.

Hat man noch nie ein Speedboot über das Meer peitschen sehen, dann kann man sich den beschriebenen Vorgang in etwa so vorstellen wie Steine, die man über das Wasser flitzen lässt. Je schneller das Boot fährt, desto öfter und desto härter schlägt es auf dem Wasser auf. Im Durchschnitt prallt mein Boot bei einer Geschwindigkeit von 200 km/h einmal pro Sekunde auf der Wasseroberfläche auf.

Um die harten Schläge absorbieren zu können, habe ich also meinem Körper einem Individualtraining zu unterziehen. Dabei muss ich die höchstmögliche Grundausdauer bei hohen Temperaturen erreichen. Ferner müssen Rücken- und Nackenmuskulatur für die enorme Belastung trainiert werden, da blanke Gewalt auf meinen Körper einwirken wird. Es gibt lediglich ein Problem an der ganzen Sache: Es sind nur noch knapp vier Wochen bis zum 1. August 2015!

Ich lasse mich also zuerst von meinem Hausarzt untersuchen, der mir eine beruhigende Mitteilung macht: Organe und Reflexe sind in einem Top-Zustand. Er stellt mir ein *Medical Certificate* aus, das es mir erlaubt, an Rennen teilzunehmen. Da mein Weltrekordversuch nicht als offizielle Veranstaltung zählt, wäre ein solches Zertifikat nicht notwendig gewesen. Dennoch bin ich froh, es zu haben, da es meine körperliche Verfassung dokumentiert. Es ist sinnvoll, so etwas im Rennboot mit sich zu führen, wenn man nach einem Unfall beispielsweise eine Bluttransfusion benötigt. Denn das Zertifikat informiert die Rettungskräfte unter anderem über meine Blutgruppe.

Mein Physiotherapeut baut die Schwachstellen in meiner Muskulatur gezielt auf. Das ist notwendig, um die hohe Belastung durch die Schläge der Wellen auszuhalten und sie in verschiedene Richtungen abfangen zu können.

Danach fliege ich nach Miami und verbringe die kommenden Wochen damit, täglich an mir und meiner Fitness zu arbeiten. Völlig allein konzentriere ich mich auf den 1. August, will physisch und psychisch stark genug sein, um diese Herausforderung zu meistern. Zweimal täglich trainiere ich. Ich jogge jeweils um 12 Uhr mittags, bewusst in der Mittagshitze, die zu dieser Zeit rund 40 Grad beträgt. Aber ich weiß, dass die Temperatur im Boot noch weitaus höher sein wird – also versuche ich, mich daran zu gewöhnen, damit ich mich, wenn es darauf ankommt, auf das Wesentliche konzentrieren kann.

Morgens oder abends trainiere ich zudem im Kraftraum meines Hotels, dem *SLS Hotel* in Miami South Beach. Ich bin für den guten Service dort überaus dankbar und schon nach kurzer Zeit behandelt man mich dort wie Inventar, das zum Haus gehört. Der *Doorman* des Fitnessstudios, der mich vermutlich für einen Irren hält, drückt mir beispielsweise jedes Mal eine Flasche Wasser in die Hand und erinnert mich an meine ausreichende Hydration.

Abends sitze ich oft auf der Terrasse des Hotels und beobachte die wilde Partyszene von Miami. Außer einer Flasche stillem Wasser und einem großen Aschenbecher für meine Feierabend-Zigarre habe ich jedoch nichts bei mir. Die Zigarre ist meine Leidenschaft, auf die ich nie verzichten möchte.

Zumal mein Arzt mir einmal gesagt hat: „Fest steht nur, dass du vom Zigarrerauchen nicht älter wirst, als wenn du sie nicht rauchst!"

Irgendwie halte ich das für passend: In der Vorbereitung eines Trips nach Kuba rauche ich eine echte *Havanna*. Die ist in den USA zwar aufgrund des Handelsembargos nicht legal erwerbbar, aber mein Freund Muhammet Genc von *Selected Cigars* in Düsseldorf hat vorgesorgt und mir eine erlesene Auswahl in mein Hotel schicken lassen.

Beim Zigarrengenuss kann ich wunderbar entspannen, meinen Gedanken nachgehen und mir beim Blick auf den sanft nach oben aufsteigenden Rauch sagen: „Kuba, ich komme!"

KAPITEL 7

ANKOMMEN ODER STERBEN

Jetzt, kurz vor dem Ziel, kreisen meine Gedanken nur noch um meinen Kampf gegen die Elemente auf dem Weg nach Kuba. Nun ist es soweit. Es ist eine seltsame Mischung aus Euphorie und Anspannung. Ich habe nun alles Denkbare erreicht, habe die Sondergenehmigung erkämpft! In erster Linie aber bin ich sicher, physisch und psychisch da zu sein, wo ich hin will und sein muss – zu 100 Prozent.

Die Wetterprognosen für die nächsten Tage sind eher schlecht. Wir haben starke Winde und hohe Wellen zu erwarten. Aber nachdem ich bis hierhin gekommen bin, stört mich das nicht weiter und beunruhigt mich auch nicht – es wird gut gehen, davon bin ich felsenfest überzeugt. Zumal ich weiß, dass ich mich auf die *Apache Star* verlassen kann. Das Boot zeigt besonders bei hohem Wellengang seine Stärke, was es mehrfach bewiesen hat.

Überdies gibt es keine Alternative. Es muss einfach gut gehen, denn über Jahre hinweg habe ich einfach jedem erzählt, dass ich diese Strecke trotz des bestehenden Embargos mit dem Ziel eines Rekordes fahren werde. Und das als erster Mensch nach mehr als einem halben Jahrhundert! Ich weiß, dass auf Kuba meine Familie, Freunde und Tausende Kubaner auf meine Ankunft warten werden. Das erhöht einerseits den Druck, ist aber andererseits auch ein großartiges Gefühl, das mich weiter antreibt.

Mir ist bewusst: Ich muss abliefern! Ich muss dieses Zeichen setzen, für mich, aber auch für viele andere Menschen, die es leid sind, mit dieser in Wahrheit doch gar nicht so großen Kluft zu leben. Ein Versagen, egal aus welchem Grund, ist nicht vorstellbar. Ich will alles geben, bin vollkommen fixiert auf diesen Moment. Nicht anzukommen wegen irgendwelcher Probleme während der Überfahrt wäre sowieso mein Todesurteil! In Gedanken werde ich pathetisch: Lieber werfe ich mich in einem solchen Fall den Haien zum Fraß vor, als diese Blamage zu erleben. Für mich steht fest: Entweder ich komme an oder ich sterbe!

Und, so verrückt es auch klingen mag, diese absolute Entschlossenheit beruhigt mich und gibt mir die notwendige Sicherheit und Souveränität. Ich fühle mich nicht nur gut vorbereitet, sondern fast unsterblich in diesem Moment, denn eine denkbare Alternative gibt es nicht.

Es ist Donnerstag, der 30. Juli 2015. Es sind noch zwei Tage bis zu meinem Weltrekordversuch. Mein Bootsbauer und gleichzeitig *Throttleman* Mike McMajor und Jack Mercurius, mein Mechaniker und Ingenieur, fahren von Fort Meyers aus nach Key West. Mit einem großen Truck ziehen sie die *Apache Star* an ihren Startpunkt für die Überfahrt nach Kuba. Ich reise zusammen mit meinem Navigator David Wild von Miami aus nach Key West.

Wir legen die 250 Kilometer mit dem Auto zurück. Die Strecke bin ich schon oft gefahren, aber ich verliebe mich jedes Mal erneut in sie. Nach knapp 40 Kilometern erreicht man die *Route 1*, welche man bis zur Ankunft am südlichsten Punkt der USA nicht mehr verlässt. Folgt man der *Route 1* für 50 Kilometer, dann erreicht man eine der nördlichsten Inseln der Florida Keys: Key Largo. Von hier aus legt man die letzten 160 Kilometer zurück, indem man über rund 30 Inseln hüpft. Dabei muss man circa 40 Brücken überqueren, unter anderem die berühmte *Seven Mile Bridge*, welche mit knapp 11 Kilometern die längste aller Brücken des *Overseas Highways* ist. Die Fahrt ist eine einzigartige Reise, welche mit gigantischen Ausblicken über den Atlantik und den Golf von Mexiko gesegnet ist. Die Inseln sind teilweise so schmal, dass neben der einspurigen Fahrbahn nur drei Meter auf jeder Seite begrünt sind und direkt dahinter die Wellen am Ufer zerschellen.

Als wir alle in Key West angekommen sind, verabreden wir uns noch zu einem gemeinsamen Abendessen. Alle sind wir sichtlich aufgeregt und nervös, denn es ist für jeden von uns der Höhepunkt seiner Speedboot-Karriere, das Maximum, das erreicht werden kann. Wir schwärmen gemeinsam von unserer bevorstehenden Fahrt, fühlen uns unschlagbar und gehen noch einmal sämtliche Details der Überfahrt durch.

Am nächsten Morgen werde ich von einem Anruf aus Deutschland geweckt.
Als ich schlaftrunken in das Telefon meinen Namen murmle, ertönt die aufgeweckte Stimme meine Mutter: „Alles Gute zum Geburtstag, mein Junge!"
Obwohl ich nun schon 50 Jahre alt bin, bezeichnet sie mich immer noch als ihren kleinen Jungen. Umso schwerer ist es für sie zu verstehen, warum ich mich in solche Lebensgefahr begeben will. Dass einen Tag vor meinem Weltrekordversuch mein 50. Geburtstag ist, ist purer Zufall. Aber dennoch ein gutes Omen, wie ich finde, denn die 50 ist meine Glückszahl. Warum? Das ist für mich eindeutig, denn die *Apache Star* läuft unter der Startnummer 50.

Auch meine Crew hat daran gedacht und überrascht mich mit einem Geburtstagskuchen. Der Bürgermeister von Key West stattet mir einen Höflichkeitsbesuch ab. Ich erhalte zahlreiche Anrufe von meiner Familie und meinen Freunden aus Deutschland und aller Welt. Obwohl ich mich über die Glückwünsche sehr freue, bin ich dennoch bei jedem einzelnen Telefonat kurz angebunden. In meinen Gedanken bin ich ganz bei der Überfahrt nach Kuba.

Heute ist ein ebenso wichtiger Tag wie morgen, denn wir sind noch einmal mit der *Apache Star* vor der südlichsten Spitze Floridas, wo die jährlichen Weltmeisterschaften der *Powerboat Nation* stattfinden, unterwegs. Wir testen die *Apache Star* ein letztes Mal auf Herz und Nieren – beziehungsweise auf Motoren und Antriebe. Wir fahren mit unterschiedlichen Schraubensets, um die optimale Geschwindigkeitskonfiguration zu gewährleisten. Ferner erproben wir die Headsets, welche unsere Kommunikation während der Überfahrt nach Kuba ermöglichen sollen. Die US-Küstenwache beobachtet uns dabei von mehreren Schiffen aus. Darüber hinaus erhalten wir letzte Anweisungen zu den Gewässern vor der Südküste Floridas. Das alles geht an mir vorbei, als würde ich durch eine trübe Glasscheibe blicken. Ich bin bereits voll konzentriert auf den nächsten Tag und gehe die Überfahrt wieder und wieder in Gedanken durch.

Die Abschlusstestfahrt verlief gut und ich bin zufrieden, als ich abends mit meiner Crew zusammensitze. Während wir in einem kleinen Restaurant essen, das mich wegen seiner hellblauen Fassade und der weißen Fensterläden an die Bahamas erinnert, erzählt uns ein Fischer vom einem weiteren Speedboot, das heute in den Gewässern vor Key West unterwegs war.

Er ermahnt uns: „Passt morgen bloß gut auf Euch auf, Männer. Die gesamte Crew des anderen Powerboots ist heute tödlich verunglückt."

Wir alle kennen das Risiko, blenden es jedoch aus. Ich würde behaupten, dass es jeder Extremsportler so handhabt, denn ohne das tödliche Risiko gibt es keinen Adrenalinrausch. Und das ist wahrhaft der Grund, weshalb Menschen wie ich sich in so eine Situation bringen. Ich bin süchtig nach dem Austesten des Geschwindigkeitslimits. Ich gebe immer gefühlte 110%, weil ich der Schnellste sein will, ziehe jedoch 20% wieder ab, um nicht tödlich zu verunglücken so wie die Crew des anderen Powerboots heute. Das ist meine Überlebensformel: Nicht nur, wenn ich im Speedboot sitze und dem Tod ins Gesicht lache, sondern auch in allen anderen Bereichen meines Lebens. Es scheint, als würde meine Rechnung aufgehen, denn noch lebe ich. Und auch morgen werde ich kämpfen. Und ich werde überleben.

An diesem Abend gehe ich sehr früh ins Bett. Ich will ausgeschlafen und fit für morgen sein. Müdigkeit darf auf gar keinen Fall ein Grund für ein mögliches Scheitern meines Vorhabens sein und muss ausgeschlossen werden. Ich bin gerade dabei, mich zu entspannen und auf das Land der Träume zu freuen, als mich ein Anruf erneut zurückholt. Es ist mein Vater. Offenbar ist er fest von meinem Erfolg überzeugt und vertraut auf meine Erfahrung.

Er spricht mir seine Glückwünsche aus: „Du schaffst das!"

Bedingungslose Liebe und Freude durchströmen mein Herz. Ich bin stolz, dass er ebenfalls stolz ist – und zwar auf mich. So lange hatte ich dafür gekämpft. Mein Leben lang wollte ich ihm immer zeigen, dass ich Großes erreichen kann. Ebenso wie er es geschafft hat. Sein Glaube an mich lässt mich Berge versetzen – in meinem Fall lässt er mich die raue See bezwingen.

Ich flachse rum: „Sei morgen pünktlich um 12 Uhr am *Malecón*. Nicht, dass ich vor Dir dort bin. Ich bin gut drauf."

Er lacht und sagt: „Weiß ich. Bis morgen, mein Sohn!"

Mit einigen Freunden und der Familie logiert er im Hotel *Nacional* in Havanna. Noch lange sitzen sie an diesem Abend zusammen, wie mir später erzählt wird. Sie freuen sich auf den nächsten Tag und versuchen, sich ihre Nervosität nicht anmerken zu lassen. Sie wissen um das Risiko, aber sie wissen auch, dass ich weiß, was ich tue. Und dass ich es kann.

Ich finde an diesem Abend kaum in den Schlaf. So viel geht mir im Kopf herum. Ich weiß, dass sämtliche Augen morgen auf mich gerichtet sein werden. Selbstsicher, wie ich stets bin, habe ich im Vorhinein große Reden über mein Vorhaben geschwungen. Alle erwarten nun, dass ich morgen abliefere. Ich muss in Kuba ankommen. Es dürfen keine technischen Probleme auftreten und ich darf keinen Fehler machen. Sonst werden wir mit dem Leben dafür bezahlen. Ich habe mir selbst ein hohes Ziel gesteckt, das ich jetzt nicht verfehlen darf. Ich hoffe, dass sich meine Crewmitglieder ebenso gut wie ich vorbereitet haben – physisch und psychisch. Dass sie die Besten in ihrem Fach sind, das ist mir klar. Andernfalls hätte ich sie nicht dafür auserwählt.

Ich bete an diesem Abend das erste Mal seit einer Ewigkeit wieder. Aber nicht zu Jesus Christus, denn obwohl ich evangelisch getauft wurde, glaube ich nicht an die Kirche. Stattdessen bete ich zu Poseidon, dem griechischen Gott der Meere. Mein Leben wird morgen in seinen Händen liegen. Hohe Wellen prognostiziert der Wetterbericht für morgen. Die See wird rau sei. Es wird stürmisch und ich habe – ehrlich gesagt – keine Ahnung, was mich dort draußen erwarten wird. Eine Mischung aus Angst, Nervosität, Vorfreude und Aufregung macht sich in mir breit. Dieses Gefühlschaos lässt mich eine ganze Weile lang nicht einschlafen. Allein mit seinen Gedanken beschäftigt zu sein, kann einen wahnsinnig machen. Ich bin froh, dass ich mich entschlossen habe, früh ins Bett zu gehen. Denn so bleibt mir immer noch genügend Schlaf, um morgen fit zu sein.

Es war eine unruhige, aber zugleich erholsame Nacht. In meinen Träumen habe ich jede Schraube von *Apache Star* erneut kontrolliert, bin die Gesetzesauflagen durchgegangen und habe Zeitabläufe studiert. Doch trotz des Gedächtnistrainings letzte Nacht fühle ich mich voller Energie. Es die Vorfreude auf den wohl schönsten Tag meines Lebens – natürlich abgesehen von den Geburten meiner beiden Söhne.

Ich bin mit meiner Crew im Hotel zum Frühstück verabredet. Als ich das Restaurant betrete, blicke ich sofort in strahlende Gesichter. Meinen Männern scheint es ähnlich wie mir zu ergehen. Für uns alle ist das heute ein großer Tag. Der Tag, auf den ich die letzten dreieinhalb Jahre hingearbeitet habe. Ich habe alles gegeben, was ich zu bieten hatte, um dieses spektakuläre Ereignis für mich, für die *Apache Star* und für meine Crew wahr werden zu lassen.

Es ist 9 Uhr, als wir pünktlich in der privaten *Marina* auf Stock Island eintreffen. Ein Sicherheitsdienst bewacht dort die *Apache Star* rund um die Uhr. Es beruhigt mich, dass der Schutz meines Speedbootes garantiert ist. Wir hatten zuvor unsere Ausrüstung am Kommandostand in der *Marina* deponiert. Diese beinhaltet feuerfeste Unterwäsche, Overalls, Satelliten-Ortungsgeräte und vieles mehr. Wir ziehen uns um und prüfen noch einmal unsere gesamte Sicherheitsausstattung.

Wir tragen alle Helme, wie sie auch das US-Militär benützt. Und in diese wurden Headsets integriert, welche die Kommunikation während der Fahrt gewährleisten. Unsere gelben Schwimmwesten sind wie die Westen in Flugzeugen konstruiert. Bei Kontakt mit Wasser blasen sie sich automatisch blitzschnell auf. Außerdem hat jeder von uns eine Halskrause, die den Nacken gegen die enormen Fliehkräfte stützt. Darüber hinaus tragen wir Ellenbogenschützer, um die Schläge bei hohen Geschwindigkeiten abzufedern. Ich bin der Einzige, der darauf verzichtet, da ich der Meinung bin, dass diese nicht zwingend notwendig sein werden. Unsere Handschuhe sind an den Fingerspitzen offen, um ein besseres Gefühl für die Betätigung der Schalter und am Lenkrad zu haben.

Zusätzlich dürfen wir nichts mitnehmen. Alles bleibt in unseren Autos zurück, denn das Embargo-Gesetz verbietet uns jegliche Einfuhr. Wir wollen kein Risiko eingehen und auf gar keinen Fall Ärger mit den amerikanischen Behörden, die schon draußen an der Startlinie auf uns warten. Stauraum gibt es ohnehin nicht. Dafür hat die *Apache Star* keinen Platz.

Selbst für zusätzliches Benzin haben wir keinen Raum – wir sind mit 1200 Litern Sprit vollgetankt bis unter die Decke. Das ist natürlich sprichwörtlich zu sehen, denn die *Apache Star* ist kein geschlossenes Rennboot. Das ist übrigens das Ausschlusskriterium, welches es untersagt, mit der *Apache Star* an offiziellen Rennen teilzunehmen. Ich habe das Cockpit öffnen lassen, weil ich es nicht ertragen kann, in einem geschlossenen Speedboot zu sitzen. Im Ernstfall möchte ich schließlich nicht unter Wasser in einem geschlossenen Sarg gefangen sein, denn Powerboote drehen sich bei einem Unfall oftmals auf den Rücken. So fahre ich lieber mit offenem Cockpit und kann mir vorstellen, den Himmel zu berühren, wenn ich über die Wellen fliege.

Dennoch reichen unsere 1200 Liter Sprit gerade einmal nur für die Hinfahrt. Und bevor ich jetzt Kritik von Greta Thunberg höchstpersönlich entgegennehmen darf: Die *Apache Star* braucht zwar etwas mehr als ein gewöhnliches Boot und deutlich mehr als ein Auto, aber ich fahre umso schneller und erreiche dadurch umso eher mein Ziel. Außerdem nutze ich dieses Speedboot für außergewöhnliche Ereignisse und nicht im Alltag. Demnach ist meine CO_2-Bilanz unterm Strich nicht höher als die von anderen Menschen.

Da ich also nicht genügend Sprit an Bord habe, um auch wieder zurück in die USA fahren zu können, habe ich bereits vor längerer Zeit vorgesorgt. Auf einer meiner Reisen nach Kuba habe ich vor Ort 800 Liter Treibstoff gekauft. Er liegt seitdem in der *Marina Hemingway* und wartet auf seinen Einsatz. Es war kein Kinderspiel, auf Kuba *Super Plus* mit 100 Oktan zu bekommen, aber auch das habe ich mit Hilfe der kubanischen Regierung gemeistert. Das ist ein wirklich heißes Zeug, bestes Futter für die *Apache Star*.

Durch die vollen Benzintanks wiegt mein Powerboot über eine Tonne mehr. Dass ich dadurch an Geschwindigkeit verliere, ist mir egal. Das zusätzliche Gewicht habe ich gerne in Kauf genommen, da die *Apache Star* dadurch mehr Stabilität im Wasser erhält. Ich gehe davon aus, dass mir dies bei solch hohem Wellengang, wie er vorausgesagt wurde, zugutekommen wird.

Sämtlichen unnötigen Ballast habe ich vermieden. Aus diesem Grund haben wir noch nicht einmal Fender oder einen Anker an Bord. Mein ganzes Leben lang habe ich dies als überflüssig erachtet. Fender liegen meist nur herum und nehmen Platz weg. Deshalb habe ich nie welche besessen und wenn doch, dann habe ich sie an Land gelassen. Außerdem hat jedes andere Boot Fender. Wenn ich also an Land gehe, dann haben die anderen Boote neben mir immer solche „Abpuffer" an ihren Außenseiten hängen, weshalb ich noch nie zusätzlich welche benötigte. Ebenso ist es mit einem Anker. Da ich immer nur schnell fahren will, brauchte ich diesen nicht. Anker liegen meist lose im Bootsrumpf herum. Bei meiner Fahrweise würde so ein herumfallender Metallhaken mein Boot nur beschädigen. Letztlich liefert mir die Tatsache, dass ich keinen Anker besitze, ein zusätzliches Gefühl von Freiheit.

Es ist 9 Uhr 40, als ich in das Speedboot klettere und es sind noch genau 20 Minuten bis zum Start. Mein Herz pocht mit jeder Sekunde schneller. Ich überprüfe noch einmal die Aggregate. Vor mir befinden sich die Geschwindigkeitsanzeige sowie die Anzahl der Umdrehungen sowohl des linken als auch des rechten Motors. Ich nehme links vorne im Cockpit Platz. In vielen Powerbooten sitzt der Kapitän rechts, aber das gefällt mir nicht. Ich bin durch das Fahren schneller Autos gewohnt, links zu sitzen. Deshalb habe ich die *Apache Star* von einem Rechtslenker auf einen Linkslenker umbauen lassen. Somit kann ich das Steuer in der linken Hand halten und den Gashebel mit der rechten Hand betätigen. An diesem befindet sich auch ein Knopf, durch welchen ich die Antriebe betätigen kann. Somit kann ich das Boot ganz allein steuern. Für den heutigen Weltrekordversuch kann ich jedoch auf meine Crew nicht verzichten, denn die Bedingungen werden alles andere als normal sein.

Rechts neben mir sitzt Mike McMajor. Er ist unser *Throttleman* und wird die Antriebe und Trimmklappen steuern. Das heißt, dass er die Antriebe so einstellt, dass die Höchstgeschwindigkeit erreicht werden kann. Um bei Höchstgeschwindigkeit die Stabilität des Speedbootes im Wasser zu gewährleisten, müssen die Trimmklappen optimal eingestellt werden.

Auf dem Armaturenbrett vor Mike habe ich insgesamt zehn Aggregate einbauen lassen. Sie sind in zwei horizontalen Reihen übereinander angeordnet und stellen die Verfassung des linken und des rechten Motors dar. Dazu zählen der Ölstand, die Wassertemperatur, der Booster wie auch der Wasser- und Benzindruck.

Der Einbau der Aggregate in dieser Reihenfolge ist bei Rennbooten keinesfalls üblich. Meiner Meinung nach ist dies aber sinnvoll und sollte standardmäßig in allen Speedbooten auf diese Weise installiert werden. Dadurch, dass die Anzeigen des linken und des rechten Motors übereinander liegen, brauche ich während der Fahrt keinen großen Aufwand betreiben und Zahlen ablesen. Das würde bei einer Überfahrt wie der heutigen sowieso nicht funktionieren. Durch die eigens von mir konzipierte Anordnung der Aggregate brauche ich nur auf die Fühler achten: Stehen diese parallel zueinander, dann ist alles in Ordnung. Ist dies nicht der Fall, dann haben wir ein Problem.

In der Mitte zwischen mir und Mike befinden sich außerdem zahlreiche weitere Aggregate – wie ein Navigationssystem und ein Gerät, das mich über zusätzliche technische Eigenschaften informiert. Dazu zählen beispielsweise die Wassertiefe und die Durchschnittsgeschwindigkeit. Die Mittelkonsole bietet viele weitere kleine Knöpfchen und erinnert stark an das Cockpit eines Flugzeugs. Hier kann ich unter anderem die *Hatch* öffnen, die Beleuchtung steuern, die Klimaanlage einstellen, die Benzinpumpen umschalten und die Motoren ein- und ausschalten.

Hinter Mike sitzt David Wild. Er ist unser Navigator. Er kennt sich in den Gewässern vor Florida hervorragend aus und ist der beste Kartenleser. Deshalb ist er für unser Team eine echte Bereicherung. Ohne ihn würden wir schlichtweg nicht ankommen.

Von David habe ich, neben einem Radio für private Zwecke, die Tankanzeigen einbauen lassen. Sein Arbeitsgerät während der Überfahrt ist jedoch primär der Hochsee-Navigationsmonitor, welcher sich in der Mitte des hinteren Armaturenbrettes befindet. Die Daten, die David hinten auf dem großen Navigationssystem eingibt, werden mir vorne auf dem kleineren angezeigt. Ein Hochseenavigationssystem ist für unsere Fahrt essentiell. Es beinhaltet alle Begebenheiten des Meeres und zeigt entlang unserer Route sämtliche Untiefen und Hindernisse an. Außerdem informiert es uns über die Wetterbedingungen, indem es beispielsweise die Höhe des Wellengangs oder Stürme anzeigt.

Neben David und hinter mir nimmt Jack Mercurius Platz. Er ist mein Maschinenbauingenieur, der für die mechanischen Belange des Bootes zuständig ist. Sollte während der Fahrt ein technisches Problem auftreten, dann ist er gefragt. Er entwickelt Motoren für *Mercury Racing*, die ausschließlich für die besten Rennboote eingesetzt werden – wie die *Apache Star*. Dadurch kennt sich niemand besser mit den Motoren aus, weshalb Jack, ebenso wie alle anderen, essenziell für diese besondere Überfahrt ist.

Vor Jack befindet sich das Funkgerät. Jack ist dafür verantwortlich, stets eine freie Funkfrequenz zu finden, um im Notfall Kontakt zur amerikanischen Küstenwache herstellen zu können.

Nachdem wir nochmals alle Aggregate kontrolliert und die Software einem Update unterzogen haben, schnalle ich mich in meinem Dreipunktgurt fest. Für einen kurzen Moment halte ich inne. Nun ist der Moment gekommen, auf den ich so lange gewartet habe. Sämtliche Hürden habe ich überwunden und dabei nie die Hoffnung verloren. Ich habe für meinen Traum gekämpft. Nun liegt es an mir, mein Ziel zu erreichen.

Ich starte die Motoren. Die knapp 3000 PS brüllen auf.

„Guten Morgen, mein Schätzchen, Zeit aufzuwachen. Heute ist dein großer Tag!", flüstere ich meinem Boot zu.

Die Leinen werden losgemacht und wir begeben uns im Standgas auf den Weg zur Startlinie. Als wir den Hafen durchqueren, fahren wir an einigen Schaulustigen vorbei, die uns vom Pier und von Schiffen aus zuwinken. An diesem Tag sind mein ehemaliger Schwager und seine zweite Frau die einzigen meiner Familie, die mich in Miami verabschieden. Der Rest meiner Familie wartet schon ungeduldig in Kuba auf meine Ankunft.

Wir sind nach einer knappen Viertelstunde kurz vor der Startlinie und eigentlich sollte jetzt schon ein Helikopter über uns kreisen. Dieser wird uns begleiten und von der Luft aus Hindernisse – wie Flüchtlingsboote oder schwimmende Container – erkennen und uns davor warnen. Außerdem hat er die Rettungsinsel an Bord, welche ich zuvor noch für teures Geld erworben habe. Man sagt, dass das Gebiet haiverseucht ist und keiner von uns wollte testen, ob dies stimmt. Aus diesem Grund war mir unsere Sicherheit im Notfall das Geld wert.

Ich ersuche Mike, bei der Küstenwache nachzufragen, wo der Helikopter bleibt. Wir können auf gar keinen Fall auf ihn verzichten.

„Der Hubschrauber hat Verspätung, weil die Starterlaubnis zu spät gekommen ist", gibt Mike kurz darauf an mich weiter.

Der Hubschrauber sollte das Startsignal geben. Ich werde immer nervöser. Geduld in einer solch emotionalen Ausnahmesituation wäre wohl für niemanden möglich. Wir sitzen in voller Montur im Cockpit der *Apache Star*. Die Sonne hat noch bei weitem nicht ihren höchsten Punkt erreicht, aber das Thermometer hat jetzt schon die 30 °C-Marke überschritten. Die feuerfeste Unterwäsche lässt nicht die geringste Brise durch und ich bin in diesem Moment heil froh, dass ich eine Klimaanlage einbauen habe lassen.

Während wir an der Startlinie auf den Helikopter warten, lasse ich meine Finger über den Glücksbringer meiner Mutter gleiten. Sie hat mir eine Goldplatte mit dem darauf eingravierten Datum meiner Rekordfahrt, den 1. August 2015, und den Namen meines Bootes, *Apache Star*, anfertigen lassen. Ich habe sie an meinem Lenkrad befestigt, damit ich sie auch während der Fahrt immer im Blick habe. Der bevorstehende Wellengang wird mir zwar vermutlich keine Gelegenheit geben, meinen Blick vom Horizont abzuwenden, aber das Gefühl, dass ich den Glücksbringer meiner Mutter theoretisch ansehen könnte, beruhigt mich. Das ist aber nicht der einzige Glücksbringer, den ich bei mir habe: Es gibt noch ein paar Bändchen von Freundinnen und eine Münze als Talisman. Nun wird sich zeigen, ob sie helfen und ob wir gut vorbereitet sind.

Ein immer lauter werdendes Geräusch reißt mich aus meinen Gedanken. Es ist der Helikopter, der nun immer näher auf uns zukommt. Als der Helikopter auf unserer Höhe ist, steige ich aufs Gas. Die Crew im Helikopter gibt auf Kuba Bescheid, dass wir losgefahren sind.

Die *Apache Star* nimmt sofort Fahrt auf. Schnell befestige ich die Getriebeschalthebel mit einem Gummi, sodass sich diese bei starken Schlägen nicht versehentlich von allein verstellen. Das Schlimmste, das passieren könnte, wäre, dass die Getriebeschalthebel vom Vorwärtsgang in den Leerlauf schalten würden, wenn ich gerade Vollgas gebe. Dann würde es die Getriebe in Sekundenschnelle zerreißen. Ich spüre den Druck der Geschwindigkeit und das Powerboot fliegt über die ersten Wellen. Vollkommenes Glücksgefühl durchströmt meinen Körper.

Ich fühle das Adrenalin durch meine Adern pumpen. Gänsehaut erstreckt sich von oben nach unten auf meinem ganzen Körper. Nun gibt es kein *Speed Limit* mehr. Die endlose Weite des Ozeans liegt vor mir und ich rase dem Horizont entgegen.

Mike stellt die Trimmklappen stets optimal auf die derzeitige Geschwindigkeit ein. Von hinten ruft David mir die Navigationsdaten über Funk zu, die ich gleichzeitig im Display vor mir sehe. Alle fünf Minuten korrigiert David die Daten unseres Kurses. Doch diesen zu halten wird immer schwieriger, denn die Wellen werden höher und der Wind wird stärker.

Ich spüre nun die Kräfte der Naturgewalten am eigenen Leib. Die sich kreuzenden Winde, welche von den Bahamas kommen, werfen uns hin und her. Die Wellen nehmen Höhen von durchschnittlich drei Metern an, zwischen denen meine 17 Meter lange *Apache Star* wie eine kleine Nussschale aussieht. Ich bin hoch konzentriert und gerate in einen Zustand wie in Trance. Es fühlt sich wie ein Rausch an – nein: Es ist besser. Alles andere ist ausgeschaltet und weggedrückt. Ich habe das Gefühl, eins zu werden mit der *Apache Star*. Ich fühle mich wie ein Teil dieses Wunderwerks aus Stahl, Aluminium, Leder und Carbon. Ich höre und fühle die dröhnenden Motoren, den Wind und ich spüre alles, was auch das Boot spüren muss – oder besser: ertragen muss.

Und das ist nicht gerade wenig, denn die Schläge sind hart wie die eines Hammers. Jede Faser meines Körpers schreit danach, dass das Boot anhält. Doch ich fahre weiter. Mit Vollgas fahre ich Havanna entgegen. In diesem Moment können mich die Schmerzen von nichts abhalten. Ich fühle zwar die Leiden

meines Körpers, aber sie kommen in meinen Gedanken nicht an. Ich habe keine Zeit, die Schmerzen zu verarbeiten, denn ich bin hoch konzentriert darauf, das Boot bei den viele Meter langen Sprüngen durch die Luft stabil zu halten.

Florida liegt längst außer Sichtweite. Um mich herum sehe ich weit und breit nur Wasser. Die Wellen scheinen die *Apache Star* zu verschlingen. Die Rennschalensitze sind so konstruiert, dass meine Nasenspitze gerade noch über das Armaturenbrett reicht. Vor mir sehe ich nur den zehn Meter langen Bug der *Apache Star*, auf dem mein Logo zentral positioniert ist. Es sieht exakt so aus wie das Tattoo, das ich mir in Miami während des Schiffbaus auf der Innenseite meines rechten Unterarmes habe stechen lassen.

Im Grunde genommen repräsentiert es mein Leben. In der Mitte ist der Kopf eines Indianers abgebildet, welcher mit zehn Flaggen umrandet ist. Jede Flagge steht für einen wichtigen Teil meines Lebens, wie beispielsweise die französische Flagge, da meine beiden Söhne Halbfranzosen sind. Am oberen Rand über den Flaggen steht in Großbuchstaben *Apache* geschrieben; am unteren Rand *Star*. Neben dem Wort *Star* sind links und rechts jeweils zwei weiße Sterne abgebildet, die für die zwei gewonnenen Weltmeisterschaften von *Apache Star* – damals trug sie noch den Namen *Apache Heritage* – stehen. Auf der linken und rechten Seite befindet sich die Zahl 50, die die Startnummer meines Bootes ist. Sie ist mit jeweils einem roten Stern positioniert, welcher für den Weltrekord der *Apache Star* steht.

Zwei Wochen vor dem heutigen Weltrekordversuch habe ich mir zu meinem Logo am selben Unterarm, jedoch auf der Außenseite, die Zahl „50" knapp über dem Handgelenk tätowieren lassen. Viele Menschen fragen mich, warum ich mir mein Alter auf den Körper habe stechen lassen. Mit einem Grinsen auf den Lippen erkläre ich ihnen sodann immer, dass die „50" nicht mein Alter, sondern die Starnummer meines Bootes repräsentiert. Obwohl die „50" in diesem Jahr tatsächlich lustigerweise auch mein Alter darstellen konnte.

Zusätzlich habe ich mir vor zwei Wochen oberhalb der „50"
die Freiheitsstatue tätowieren lassen, die jedoch nicht wie gewöhnlich eine Fackel, sondern eine kubanische Flagge in der
Hand hält. Sie repräsentiert die Völkerverständigung, für die ich
die letzten dreieinhalb Jahre gekämpft habe und welche hoffentlich durch meinen heutigen Weltrekordversuch die beiden Staaten einander näherbringen wird.

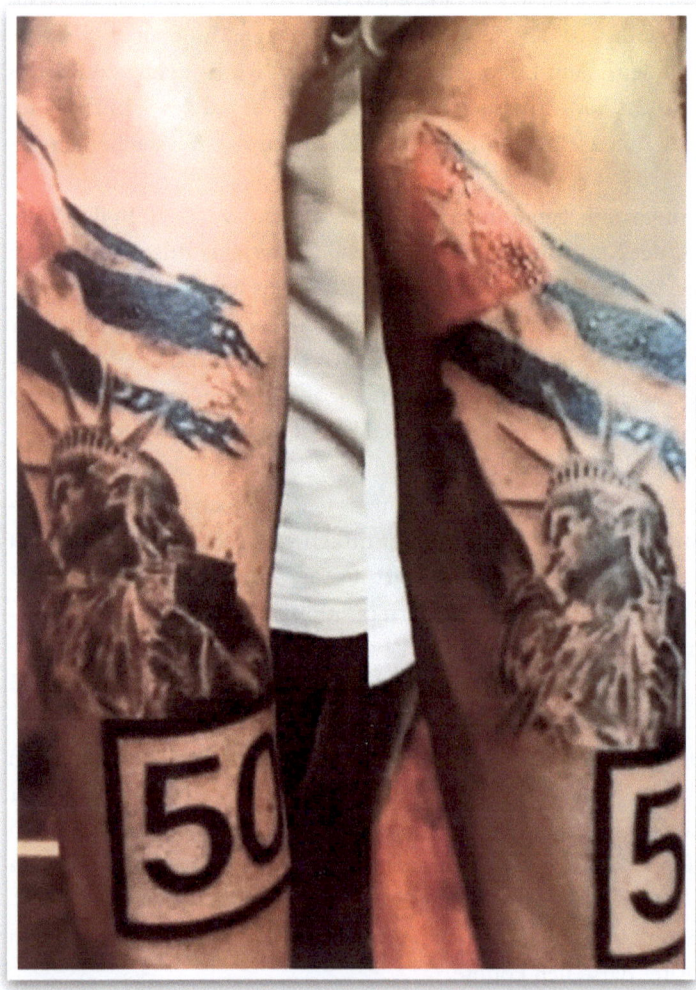

Ich andererseits vereine in diesem Moment mein ganzes Dasein mit der *Apache Star*. Es ist für mich ein unbeschreibliches Gefühl. Die Wellen brechen von allen Seiten auf uns ein. Ich schlage das Lenkrad jedes Mal, wenn wir in die Luft fliegen, bis zum Anschlag ein. So kräftig sind die Wellen und der Wind mittlerweile. Vom andauernden Gegenlenken schmerzen mir schon langsam die Handgelenke.

Plötzlich höre ich einen lauten Knall.

„Was zur Hölle war das?", frage ich meine Crew.

Keiner kann mir eine Antwort geben. Ich werfe einen Blick auf die Aggregate und sehe, dass zwei von ihnen nicht parallel zueinanderstehen. Das ist nicht nur kein gutes Zeichen, sondern schlimmer: Wir haben ein echtes Problem. Es trifft mich wie ein Schlag in den Magen, als das Boot nach rechts ausbricht. Wie in einer Achterbahn werden wir mit voller Härte gegen die linke Seite unserer Sitze geworfen. Ich knalle mit dem Kopf gegen die Stützen und bin in diesem Moment überaus dankbar für meine Halskrause. Vermutlich hätte ich mir spätestens jetzt das Genick gebrochen. Dann wäre unser großes Abenteuer vorbei.

Mike hat die Aggregate genau vor sich.

„Der rechte Motor überhitzt!", ruft er.

Obwohl wir im Rennmodus sind, sehe ich keinen anderen Ausweg, als das Speedboot zu stoppen.

„Wir müssen die Fahrt unterbrechen!", schreie ich. „Wir müssen das technische Problem lokalisieren und beheben."

Ich hatte inständig gehofft, dass Jack's technische Fähigkeiten nicht zum Einsatz kommen müssen, aber nun ist es soweit.

Ich lege einen der kleinen Knöpfe in der Mittelkonsole um, sodass sich die *Hatch* öffnet. Nun liegen die Motoren frei und Jack kann einen Blick darauf werfen. Die monströsen Wellen kennen kein Erbarmen, auch nicht in einer Notsituation wie dieser, und lassen die *Apache Star* weiter hin und her schaukeln.

„Pass auf, da kommt Wasser in den Motorraum!", brüllt Jack von hinten.

Ich zerre am Lenkrad und versuche das Boot entgegen der Wellen zu steuern. Allerdings ist das eine unlösbare Aufgabe, denn sie kommen von überall. Die *Apache Star* hängt wegen des Gewichts der Motoren und der Getriebeaufhängung achtern tief im Wasser.

Wir stehen noch keine fünf Minuten still, aber sind schon bis auf die Haut nass.

„Kann sein, dass der rechte Filter verstopft ist", spekuliere ich.

Wir sind etliche Male durch riesige Algenfelder gefahren, welche für diesen Teil des Atlantiks bekannt sind. Jack hängt kopfüber im Motorraum, aber schüttelt nur den Kopf auf die Frage, ob er das Problem gelöst bekommt.

Wir alle waren angespannt und obwohl jeder von uns ein echter Experte auf seinem Gebiet ist und reichlich Erfahrung gesammelt hat, weiß dennoch keiner, was passiert sein könnte. Mittlerweile stehen wir hier schon eine Viertelstunde herum. Immerhin kreist der Helikopter nach wie vor über uns. Rettung in der Nähe zu wissen, beruhigt mich zwar ein wenig, aber trägt dennoch nicht zur Lösung unseres Problems bei. Von Minute zu Minute werde ich nervöser und ungeduldiger.

„Wir sind gerade dabei, einen neuen Weltrekord aufzustellen. Die Zeit drängt, Männer! Lasst uns endlich weiterfahren!", rufe ich gegen den Wind.

Ohne zu wissen, wodurch der Schaden entstanden ist und ohne das technische Problem behoben zu haben, nehmen wir erneut Fahrt auf. Ich setze in diesem Moment alles auf eine Karte, denn auf keinen Fall will ich mich hier, mitten auf dem Meer, auf halber Strecke zwischen Florida und Kuba, von irgendwelchen Macken der Technik stoppen lassen.

Kaum haben wir erneut Fahrt aufgenommen, werden wir mit einem weiteren Problem konfrontiert. Mit Entsetzen muss ich feststellen, dass die Daten des Navigationssystems nicht korrekt angezeigt werden.

„David, warum funktioniert das Navi nicht mehr?", frage ich ihn vorwurfsvoll.

„Bisher waren wir auf dem richtigen Kurs!", verteidigt er sich und er fährt fort: „Warte, ich kümmere mich darum."

Ohne Navigationssystem sind wir aufgeschmissen. Wir werden Kuba niemals erreichen. Vermutlich würden wir irgendwann in Mexiko oder auf Puerto Rico ankommen, wenn uns zuvor nicht der Sprit ausgehen würde. Vorausgesetzt, dass der überhitze Motor das Weiterfahren überhaupt zulässt.

Zu unserem großen Glück hat auch David an einen Plan B bezüglich der Navigation gedacht. Das große Hochseenavigationssystem hat zwar den Geist aufgegeben, aber David hat für den Notfall noch ein mobiles Navigationssystem in seinen Overall eingesteckt. Dieses kleine Ding ist in diesem Moment unser Hoffnungsschimmer. Es wird uns den Weg nach Kuba zeigen.

Unser Höllentrip geht weiter. Doch nun fahre ich wie in einem Traumzustand, surreal, wie in einer anderen Welt. Ich ignoriere jegliche Regeln, die ich in all den Jahren gelernt habe. Ich verlasse mich allein auf meinen Instinkt. Ich spüre das Fahrverhalten der *Apache Star* und reagiere darauf in Sekundenbruchteilen. Mehr denn je fühle ich die tiefe Einheit zwischen Mensch und Technik, bin zur Gänze verbunden mit diesem Boot. Ein Glücksgefühl durchströmt mich, als ich begreife, wie ich dieses rasend schnelle Geschoss unter meiner Kontrolle habe, obwohl wir uns am Limit dessen bewegen, was Mensch und Maschine ertragen und überstehen können. Und dass, obwohl die *Apache Star* nach wie vor nach rechts zieht.

Als ich gerade wieder neue Hoffnung geschöpft habe und weitere Meilen zwischen den USA und Kuba hinter mich gelegt habe, erschrecke ich abermals. Nach einem grellen und lauten Piepton höre ich nur noch Rauschen.

„Was war das?", frage ich mit entsetzter Stimme meine Crew.

Doch sie antworten nicht. Ich beuge mich nach vorne, um mich nach rechts zu Mike drehen zu können und blicke in ein ebenso schockiertes Gesicht wie meines. Ich sehe, wie sich seine Lippen bewegen, höre aber nichts. Die Kommunikation ist ausgefallen. Wir sind voneinander abgeschnitten. Durch die Kopfstützen können wir uns nicht sehen und nun auch nicht mehr hören.

Es konnte nicht mehr schlimmer kommen. Kurzerhand entschließe ich mich dazu, meinen Dreipunktgurt zu lösen. Im Falle eines Unfalls wäre dies mein sicheres Todesurteil. Ich würde in hohem Bogen aus dem Cockpit geschleudert werden und mit 200 km/h auf dem knallharten flüssigen Beton aufschlagen. Doch wie ich bereits gesagt habe, würde ich alles für meinen Erfolg geben, auch mein Leben, wenn es sein muss.

Ich drehe mich zu David um, der Gott sei Dank nur schräg und nicht direkt hinter mir sitzt. In diesem Falle wären wir tatsächlich vollkommen aufgeschmissen gewesen. Aber nun kann ich die Handzeichen sehen, die David mir gibt. Er deutet mit gestrecktem Arm in die Richtung, in die ich die *Apache Star* steuern muss. Alle paar Minuten drehe ich mich nun um und korrigiere den Kurs, um Richtung Havanna zu fahren.

Trotz all der Schmerzen in dem wild hin und her schlagenden Boot, trotz des brausenden Windes und des vollen Stresses muss ich grinsen: Da fahre ich nun mit einem absoluten Hightech-Powerboot mit Vollgas über den Atlantik, und navigiere nach Handzeichen – wie in alten Zeiten. Eigentlich ist das eine Katastrophe, aber uns bleibt nichts anderes übrig. Ich sehe nur Wasser. Wir sind auf dem scheinbar unendlichen Atlantik und ich habe keine Ahnung, wo wir uns tatsächlich befinden.

Doch dann erscheint vor mir am Horizont ein winziger Punkt. Nein, Moment – es sieht eher aus wie ein kleiner Zipfel, der aus dem Wasser ragt. Mit jeder Meile, die ich auf das kleine Ding zufahre, wird es größer. Ich kann meinen Augen kaum trauen. Ist es tatsächlich Land, was ich da sehe? Sicher kann ich mir nicht sein, denn zu viel ist schiefgelaufen. Und ich habe das Gefühl, dass wir schon eine halbe Ewigkeit unterwegs sind.

Der Helikopter kreist immer noch über uns. Wäre die Kommunikation nicht ausgefallen, dann hätte Jack dem Piloten per Funk durchgeben können, dass er vor uns fliegen soll. Dann hätte er uns die Richtung zeigen können, aber dazu hätte er keine Erlaubnis gehabt. Wenn ich an den ausgefallenen Funk denke, dann bekomme ich ein mulmiges Gefühl im Magen. Der Helikopter sollte uns eigentlich vor Hindernissen im Wasser warnen, die wir nicht sehen können. Eine Kollision würde das Ende bedeuten. Das Risiko ist uns allen bewusst und wir wissen, dass pro Jahr Tausende Container von Frachtschiffen gepustet werden und anschließend durch die Ozeane treiben. Wie kleine Luftkapseln schwimmen sie dann oft nur knapp unter der Wasseroberfläche und sind nur von oben sichtbar.

Ich gebe Gas für den Endspurt Richtung Küste und spüre, dass die *Apache Star* bei dieser Trimmung eigentlich schneller sein müsste. In diesem Moment dreht der Helikopter ab. Der 24. Breitengrad trennt den amerikanischen vom kubanischen Luftraum. Der US-Helikopter hat nun keine Erlaubnis mehr, uns zu unserem Ziel zu begleiten. Würde er sich der Anordnung der kubanischen Regierung widersetzen, so würde diese Kampfjets des Militärs zur Abwehr des Feindes schicken und den Helikopter abschießen. Das zeigt die Realität der Beziehung zwischen den USA und Kuba auf. Traurig, wie ich finde.

Mein mulmiges Gefühl wird durch Angst ersetzt. Was mache ich, wenn die *Apache Star* jetzt, in Sichtweite des Ziels, versagt? Unsere Helfer aus der Luft sind – mitsamt unserer Rettungsinsel – bereits in der Ferne verschwunden. Ich bin nicht angeschnallt und die *Apache Star* windet sich mit aller verbleibenden Kraft durch die immer noch drei Meter hohen Wellen. Mehr als 100 km/h schafft sie nicht mehr, wobei eigentlich das doppelte Tempo normal wäre.

Das Land vor uns füllt nun schon beinahe den gesamten Horizont aus. Wir sind kurz davor – welches Land es auch sein mag. Ich drehe mich erneut zu David um, wobei ich seinen nach oben gerichteten Daumen und sein breites Grinsen erkenne. Jetzt wird auch mir klar, dass wir es geschafft haben. Unglaublich, aber wahr: Wir haben unser Ziel trotz all der Schwierigkeiten nicht verfehlt. Ein unbeschreibliches Glücksgefühl durchströmt mich. Ich könnte vor Freude in die Luft springen, aber jetzt muss ich uns erst einmal sicher an Land bzw. ins Ziel bringen.

Als ich Kuba immer näher komme, breitet sich vor mir die *Skyline* von Havanna aus: eine atemberaubende Aussicht auf bunte und sowohl zerfallene als auch gut erhaltene Altbauten. Die *Apache Star* dröhnt immer stärker und ich fühle mit ihr den Schmerz und das Leiden, das uns diese Höllenfahrt zugefügt hat.

Ich fahre die berühmte Hafenpromenade, an der die Gischt emporspringt, entlang. So hatte es sich der Commodore gewünscht. Und er hatte recht: Tausende Einheimische stehen am *Malecón* und erwarten uns und das einzigartige Speedboot aus den Vereinigten Staaten von Amerika. Sie alle jubeln und winken uns entgegen, als wir auf den letzten Metern mit Vollgas, jedoch nur halber Geschwindigkeit, an ihnen vorbeifahren. Wir bieten ihnen das spektakulärste Ereignis, das dieses Land je gesehen hat.

In wenigen Augenblicken werden wir die Zielflagge erreichen. Es ist der Moment, auf den ich so lange gewartet, für den ich gekämpft und alles gegeben habe. Nun ist es gleich soweit. Tränen schießen mir in die Augen, als ich meine Familie von weitem am Ufer stehen sehe. Ich habe ihnen vor meiner Abfahrt neonorange T-Shirts anfertigen lassen, sodass ich sie in der Menschenmenge erkennen kann. Und auch dieser Plan ist aufgegangen.

Ich sehe den Commodore, wie er auf einem großen Schiff nun direkt vor mir mit der schwarz-weißen Zielflagge wedelt. Nur wenige Meter von ihm entfernt befindet sich eine Boje. Zwischen ihnen fahre ich durch und habe nun offiziell das Ziel erreicht.

„Wir haben es geschafft, Männer! Wir sind da!", rufe ich meiner Crew entgegen.

Als ich mich zu Mike hinüber- und zu David und Jack umdrehe, blicke ich in überglückliche und aber auch von Schmerzen erfüllte Gesichter. Kaum haben sie den Dreipunktgurt gelöst, tasten sie ihre Overalls ab und schlucken die darin befindlichen Schmerztabletten, die sie glücklicherweise zuvor in Key West noch erworben haben. Wir alle haben Prellungen an Schultern und Rippen. Ich spüre zusätzlich einen dumpfen Schmerz am rechten Ellenbogen und Unterarm. Aber jetzt, in der Stunde des Triumphs, bin ich vollgepumpt mit Adrenalin und verdränge den Schmerz.

Tosender Applaus und wedelnde kleine Flaggen empfangen uns. Ich höre kubanische Musik und sehe in vor Freude strahlende Gesichter. Ich fahre eine Linkskurve, um die Kubaner an Land zu begrüßen. Doch plötzlich höre ich einen lauten Knall, gefolgt von schwarzem Rauch.

„Was war das?", fragt David mit Entsetzen.

Ich entgegnete ihm, dass es nun endgültig auch für die *Apache Star* vorbei wäre.

„Sie streikt", scherze ich herum.

Nachdem ich die Linkskurve gefahren war, ragte der seit einer Stunde überhitzte Antrieb aus dem Wasser. Dadurch ist der rechte Antrieb explodiert und hat zugleich auch die Lenkungsaufhängung zerrissen. Darüber hinaus habe ich mein gestecktes Ziel, die Überfahrt in weniger als einer Stunde zu bewältigen, nicht erreicht.

Doch in diesem Moment geht das alles an mir vorbei. Um die technischen Probleme werde ich mich später kümmern. Ich bin angekommen, nur das zählt. Ich bin der Erste seit knapp 60 Jahren, der diese Strecke gefahren ist, obwohl das Embargo nach wie vor besteht. Darüber hinaus bin ich der Schnellste, der diese Strecke jemals gefahren ist. Und das, obwohl mich die Technik im Stich gelassen hat.

Ich reiße mir den Helm vom Kopf und die Handschuhe von den Händen. Erst jetzt wird mir klar, was wir die letzten knapp 90 Minuten er- und überlebt haben. Es ist ein Wechselbad der Gefühle: Einerseits bin ich stolz auf unsere Leistung, andererseits jedoch voller Zorn auf die Technik, die mich im Stich gelassen hat. Wütend werfe ich Helm und Handschuhe auf den Sitz und blicke dabei in die Gesichter meiner Crew. In ihren Gesichtern spiegelt sich mein eigenes Empfinden wider: Freude, Stolz und Schmerz.

Langsam schleppt man uns in den Hafen von Havanna, wo viele Tausende Menschen und etliche Journalisten mit Kamerateams auf uns warten. Jubel, Beifall und staunende Blicke empfangen uns. Es scheint, als kämen wir aus einer anderen Welt, eigentlich nicht weit weg, aber für die Menschen hier unerreichbar. Der Commodore hängt mir einen aus bunten Rosen handgefertigten Kranz um den Hals und legt ein Blumenbouquet auf das Boot.

Ich verspüre den Drang, meine geliebte Familie nun endlich in die Arme schließen zu können, doch wir haben die Anweisung, das Boot nicht zu verlassen. Der Zoll muss erst die erforderlichen Papiere ausfüllen und das Boot auf Schmuggelware untersuchen. Ich sehe den Zollbeamten beim Bürokratiekrieg mit ihrer Zettelwirtschaft ungeduldig zu. Es scheint so, als ob sie länger brauchen, als ich für die Fahrt von Florida nach Kuba benötigt habe. Ich sehe, wie sich meine Söhne durch die Menschenmassen drängen und halte es nicht mehr länger aus. Entgegen der Gesetze springe ich mit einem Satz vom Bug an Land und falle meinen Söhnen in die Arme. Ich hatte die Sorge, sie womöglich nie wieder zu sehen, zuvor nie zugelassen, weil ich sonst nicht hätte starten können. Doch die Sorge war berechtigt. Obwohl wir so ein enges Verhältnis pflegen, habe ich meine Söhne seit Monaten nicht mehr gesehen. Die Emotionen ergreifen mich wie nie zuvor und ich kann meine Tränen nicht mehr zurückhalten.

Ich halte meine Söhne fest in den Armen, während wir von Menschenmassen umringt sind. Binnen kürzester Zeit schreitet die Polizei ein, um die Menge in den Griff zu bekommen, aber alles bleibt friedlich.

Plötzlich erblicke ich meinen Vater. Er hat sich einen Schirm besorgt, mit dem er sich vor der heißen Sonne schützt. Dass er es geschafft hat, nach Kuba zu reisen, ist für mich das größte Geschenk, das er mir je hätte machen können. Es war ihm zuletzt nicht gut ergangen, aber nun steht er vor mir! Mein ganzes Leben lang habe ich um seine Anerkennung und seinen Stolz mir gegenüber gekämpft und nun sogar einen Weltrekord aufgestellt. Er hat als Unternehmer Einmaliges geschafft und jetzt ist er da und kann sich davon überzeugen, dass sein Sohn auch Einzigartiges schaffen kann.

Selbst meine Schwester Yasmin ist gekommen und Muhammet Genc, mein Zigarrenlieferant und Freund aus Düsseldorf. Breit grinsend drückt er mir ein Willkommensgeschenk in die Hand: Speziell für mich hat er eine wunderbare *Cohiba Behike 56*, natürlich aus Kuba, besorgt.

Meine Mutter ist – wie immer, wenn ich im Boot sitze – in Deutschland geblieben. Und – wie immer – hat sie in der Kirche eine Kerze angezündet. Der Stein, der ihr vom Herzen fällt, als meine Söhne sie anrufen und ihr sagen, dass alles gut gegangen ist, kann man bis Kuba poltern hören. Mit klopfendem Herzen hat sie auf diesen Anruf gewartet.

„Mein Glücksbringer hat Wunder vollbracht und meinen Jungen beschützt", sagt sie mit erleichterter Stimme.

Nach dem hektischen Empfang gehe ich erneut an Bord der *Apache Star*. Es dauert fast zwei Stunden, bis man uns in die *Marina Hemingway* abschleppt, wo die restliche Zollabwicklung stattfindet. Commodore Esteban sorgt dafür, dass die *Apache Star* unmittelbar aus dem Wasser genommen wird, weil sie sehr stark leckt. Um sie auf dem Trockensteg zu parken, musste er einen speziellen Kran organisieren.

Mein Freund und Berater Coordt von Mannstein ist selbstverständlich auch angereist und hält mir alles Mögliche vom Hals.

Der Chef der Marina, Commodore Esteban, hatte genaue Vorstellungen bezüglich des Ablaufs dieses Tages. Doch die dafür notwendigen Mittel sind auf Kuba oft nur schwer zu bekommen. So ist beispielsweise erst einen Tag vor meiner Ankunft noch ein Bootsanleger gebaut und neu gestrichen worden, damit wir mit der *Apache Star* nach unserer Ankunft im Hafen von Havanna anlegen können. Ich bin beeindruckt und amüsiert darüber, wie auf Kuba Angelegenheiten organisiert und erledigt werden. Wenn es sein muss, können die Dinge dort wirklich schnell gehen.

Mit nach wie vor zittrigen Knien aufgrund des gerade Erlebten betrete ich den Raum in der *Marina*, in dem ich damals lauthals die Genehmigung für meine Überfahrt bestätigt hatte. Heute jedoch betrete ich den Raum nicht als Mann, der auf die Erlaubnis seitens der US-Regierung wartet. Nein, ich betrete den Raum als Sieger, der seine Träume verwirklicht und Außergewöhnliches erreicht hat. Der Raum ist, wie damals, voller Journalisten mit Kameras und Mikrofonen, die alle ungeduldig auf die Pressekonferenz warten. Kaum hatten meine Crew und ich uns gesetzt, prasseln die Fragen auf uns ein: Warum Kuba? Wie geht es Ihnen? Wer hat das Ganze finanziert? Was ist das für ein Boot? Die Fragen werden alle in spanischer Sprache gestellt. Eine wirklich schöne Sprache, wie ich finde. Temperamentvoll, stark und präsent. Das gefällt mir. Zu schade, dass ich sie nicht verstehen kann, aber selbst, wenn ich Spanisch sprechen würde, hätte ich in diesem Moment auch nichts verstanden. So heftig reden sie alle durcheinander.

Eine Dolmetscherin greift ein und beruhigt die Journalisten: „Einer nach dem anderen, bitte!"

Ein großer Mann mit braunem Haar hebt zuerst die Hand und steht auf, als ihn die Dolmetscherin darum bittet.

Er fragt mit ausdrucksstarker Stimme: „Warum Kuba? Wieso nicht eine andere karibische Insel?"

Mir wurde die Frage mittlerweile schon so oft gestellt, dass ich meine Standardantwort herunterleiere.

Eine junge Amerikanerin von CNN fragt: „Wie geht es Ihnen jetzt und wie ist es Ihnen während der Überfahrt ergangen?"

Ich gebe ihr mit einem Lächeln auf dem Gesicht die ehrlichste Antwort, die ich parat habe: „Das Adrenalin lässt mich derzeit noch keine Schmerzen fühlen. Aber sie werden kommen, da bin ich mir sicher."

Ein britischer Nachrichtensprecher von BBC fragt mich, ob uns jemand gesponsert hat.

Auch diese Frage kann ich schnell beantworten: „Werfen Sie einen Blick auf *Apache Star*. Das verrät ihnen, wer mich unterstützt hat."

Ein Journalist der Nachrichtenagentur *Reuters* aus London fragt mich, was es mit diesem Boot auf sich hat. Ich antworte ihm stolz, dass es das wohl außergewöhnlichste Speedboot aller Zeiten ist und er sich den Namen gut einprägen sollte, da die *Apache Star* mit dem heutigen Tage in die Geschichtsbücher eingegangen ist.

Ich habe meinen Traum verwirklicht, habe das erreicht, was seit 60 Jahren kein Mensch geschafft hat. Ich habe eine Sondergenehmigung von der US-Regierung erwirkt und bin eine Strecke gefahren, die vor mir kein anderer mit einem Speedboot gefahren ist. Ich habe einen neuen Weltrekord zwischen Key West und Havanna aufgestellt. Aber dennoch geht mir eine Sache nicht aus dem Kopf: Die offizielle Weltrekordzeit liegt nun bei 90 Minuten. Ich fange an zu rechnen: Hätte es unterwegs keine technischen Probleme gegeben, dann wären wir nicht eine Viertelstunde auf dem Meer herumgetrieben. Dann wäre ich die Strecke mit 200 km/h in einer Zeit von einer Stunde und 15 Minuten gefahren. Das beschäftigt mich viel mehr als die gerade laufende Pressekonferenz. Ich könnte sogar sagen, dass es mich innerlich fast auffrisst. Aber dann wird mir klar, dass diese ganze Rechnerei keinen Sinn hat: Hätte, wenn und aber – alles sinnlos.

„Scheiß drauf", sage ich zu mir selbst. „Sei froh, dass du diese Fahrt lebend überstanden hast und nur mit einem lädierten Arm und nicht mit schlimmeren Verletzungen angekommen bist."

Als sich der Rummel ein bisschen gelegt hat, haben meine Crew und ich endlich die Gelegenheit, uns die *Apache Star* in Ruhe anzuschauen. Wir fragen uns schließlich schon die ganze Zeit, was da draußen tatsächlich passiert ist. Das Boot ist inzwischen aus dem Wasser geholt worden und nun sehen wir, was los ist. Mit Schrecken muss ich feststellen, dass der rechte Antrieb massiv beschädigt ist. Der Schaft ist halbiert – wie durchgetrennt! Mir wird sofort klar: Das ist der Grund, warum das Boot plötzlich nach rechts ausgebrochen ist. Vermutlich hat ein Stück Treibgut im Wasser, das ich nicht sehen konnte und daher überfahren habe, den Schaden verursacht. Vielleicht war es auch ein von einem Frachter gefallener Container, vor dem uns eigentlich der Helikopter hätte warnen sollen. In diesem Moment wird uns klar, dass wir mit dem Boot nicht zurück in die USA fahren können. Der Schaden ist massiv, die *Apache Star* ist verletzt und wir sind es auch.

Die Sonne ist mittlerweile am Horizont verschwunden. Nachdem ich geduscht und mich ein wenig erholt habe, begebe ich mich von meinem Hotel aus zurück in die *Marina*. Als ich dort ankomme, erwarten mich spanische Musik und ausgelassene Stimmung. Ich sehe, wie meine Söhne an der Bar stehen und zwei junge Kubanerinnen umgarnen. Ein guter Freund umklammert während eines miserablen Versuchs, Tango zu tanzen, seine Frau. Mein Vater sitzt in einem weißen Hemd mit einer dicken

Zigarre in der Hand auf der Lehne einer Eckcouch und grinst – neben ihm seine Frau mit einem *Mojito* in der Hand. Es herrscht ausgelassene Feierlaune und ich freue mich, meine Familie und Freunde so glücklich vereint zu sehen. Ich geselle mich zu ihnen und lasse diesen einzigartigen Tag genüsslich ausklingen.

Zu späterer Stunde taucht der aktuelle deutsche Botschafter von Kuba auf. Er ist schon seit einigen Jahren auf Kuba, kennt das Land und die Leute und erzählt mir, dass er in ein paar Wochen in den Ruhestand gehen wird. Er spricht mir seine Glückwünsche und seinen Dank für diesen ungewöhnlichen Höhepunkt zum Ende seiner Diplomatenkarriere aus. Ich bin gerührt und hoffe, ebenso wie er, auch die Herzen der kubanischen Bevölkerung beflügelt zu haben.

Die Nacht vergeht und ich verlasse die Feierlichkeiten, kurz bevor die Morgenröte den neuen Tag begrüßt. Als ich nach diesem außergewöhnlichen Tag und dem einzigartigen Abend in den frühen Morgenstunden ins Bett falle, verschwindet auch die ganze Anspannung. Ich schlafe so gut wie schon lange nicht mehr, bis mich mein Wecker nur wenige Stunden später aus dem Tiefschlaf reißt.

Nach wie vor müde und erschöpft treffe ich meine Crew am Flughafen von Havanna wieder. Ein Helikopter bringt uns zurück in die Vereinigten Staaten von Amerika. Ich werde die kommenden Tage noch in Miami verbringen, bis ich mich auf den Heimweg nach Deutschland machen werde. Das *SLS Hotel* heißt mich mit einer netten Überraschung erneut willkommen. In meinem Zimmer finde ich ein aufgeblasenes Schlauchboot mit einem darinsitzenden, aus Handtüchern gebastelten, Kapitän vor. Das kleine Boot ist bis obenhin mit frischem Obst gefüllt. Da ich Stammgast bin, sind meine tägliche Routine und meine Vorlieben in dem Hotel bekannt. Ich bin für diese Überraschung wirklich überaus dankbar – genau das Richtige für mich, um mich von meinen Strapazen zu erholen.

Drei Tage später sitze ich im Flugzeug zurück nach Düsseldorf. Ich freue mich auf meine Mutter, die ich schon seit einigen Monaten nicht mehr gesehen habe. Es sind nur noch wenige Stunden, bis ich auch sie endlich wieder in die Arme schließen kann. Ich vermisse sie wirklich sehr und ich weiß, wie sehr ich ihre Nerven strapaziert habe. Sie hat sich solch große Sorgen gemacht und freut sich nun darauf, ihren kleinen Jungen endlich wiederzusehen.

Lebend.

KAPITEL 8

RUHM UND EHRE

Zuhause erst merke ich, wie mich die letzten Monate angestrengt, Kraft und Nerven gekostet haben. Die Fokussierung auf dieses einzigartige Ereignis, das Hin-und-Her und das scheinbar endlose Warten – es war offensichtlich anstrengender, als ich es selbst erkannt hatte. Ich war so sehr auf mein Ziel fixiert, dass ich gar nicht gemerkt habe, was das mit mir gemacht hat.

Als ich wieder in Deutschland bin, brauche ich länger als gedacht, um mich zu regenerieren. Mein verletzter Arm, den ich nach dem Weltrekord nur notdürftig geschient habe, wird nun behandelt. Im Röntgenbild sehe ich, was die Wucht des Aufpralls angerichtet hat: Ein Knochen im Ellbogen ist regelrecht verschoben. Mein Arzt sagt, dass ich mir eine Grünholzfraktur zugezogen habe, welche meistens bei American Football-Spielern auftritt. Monatelang fühle ich mich körperlich leer und habe das Gefühl, endlos schlafen zu müssen.

Die ganze Zeit über ist mir natürlich klar, dass das Kapitel „*Apache Star*" noch nicht abgeschlossen ist. Das Boot liegt ja noch in Kuba und ich beginne, mir Gedanken zu machen, wie ich es von dort wieder wegbekomme. Es liegt zwar sicher, bewacht durch Militär und hohe Zäune, aber eine Idee, wie ich es wieder herausholen kann, habe ich noch nicht.

In diese Gedanken platzt eine E-Mail aus Kuba. Es ist Dezember 2015, als ich vom Commodore der *Marina Hemingway International* über eine große Ehre informiert werde. Ich kann meinen Augen kaum trauen, als ich die E-Mail Zeile für Zeile lese. Die kubanische Regierung will mich mit dem Verdienstorden für besondere Leistungen auszeichnen. Ich bin begeistert über diese außerordentliche Geste und erzähle meiner Familie davon.

Ich trage mein Herz auf der Zunge und kann meine Gefühle und Gedanken nicht vor meinen Liebsten verstecken. Offensichtlich hat man erkannt, dass ich Werbung für Kuba gemacht habe und will sich nun dafür bedanken. Ich zeige meiner Mutter die E-Mail aus Kuba, in der zudem um meine Flugdaten gebeten und ein Dresscode vorgeschrieben wird. Man wünscht sich, mich bei dieser Feierlichkeit in einem dunklen Anzug zu sehen. Mit großer Freude antworte ich dem Commodore, wie sehr ich mich über die Einladung freue und dass ich teilnehmen werde.

Wenige Wochen später, im Februar 2016, sitze ich im Flugzeug mit gemischten, aber positiven Gefühlen. Ich habe keine Ahnung, was nun auf mich zukommen wird. Am Flughafen läuft zuerst alles ab wie immer: Passkontrolle, Gepäck holen und ab zum Ausgang. Dort erwartet mich eine kleine, brünette Frau mit einem Schild in der Hand, auf dem steht: Roger Klüh. So lerne ich Coka Luna Carrera kennen. Sie ist die ehemalige Sekretärin von Fidel Castro. 13 Jahre hat sie für ihn gearbeitet.

Als wir wenig später im Auto Richtung Havanna sitzen, frage ich sie, wohin es genau gehen würde.
Mit gebrochenem Englisch verrät sie mir: „Private Villa."
Es dauert keine halbe Stunde, bis wir die Altstadt von Havanna erreichen. Ich gucke aus dem Fenster einer schwarzen Mercedes Limousine, welche für Kuba eine einzigartige Rarität darstellt. Das lässt mich schmunzeln. Im Urland der Revolution und des Kommunismus weiß man die Annehmlichkeiten des Kapitalismus offenbar durchaus zu schätzen und vertraut dem Stern aus Deutschland. Es scheint so, als würde man sich die allergrößte Mühe geben, um mir den Aufenthalt auf Kuba so angenehm wie möglich zu machen. Ich grinse leise in mich hinein, da mir in diesem Moment tatsächlich ein rosafarbenes Cadillac Cabrio viel besser gefallen hätte als ein deutsches Auto. Immerhin stehen die amerikanischen Oldtimer als Symbol für Kuba und sind durch das Embargo einzigartig auf der Welt. Ich freue mich bei jedem Besuch auf der Insel über das Eintauchen

in eine andere Welt. Es ist, als würde man eine Zeitreise in die 1950er Jahre machen. Die PKW-Fossilien sind schon unzählige Male repariert worden. Man hat ihnen neue Getriebe und Motoren eingesetzt und es scheint, als befände sich rein gar nichts mehr von ihnen im Originalzustand, aber gerade das ist es, was sie so unvergleichlich macht. Obwohl sie schon mehr als 60 Jahre alt sind, fahren sie immer noch.

Wir kommen an alten, zum Teil sehr zerfallenen Gebäuden vorbei. Viele der Häuserfassaden sind bunt bemalt. Die Kubaner verzieren die brüchigen Ruinen und lenken so von Kabeln, die aus Wänden herausragen, ab. Für mich ist es unvorstellbar, wie die kubanische Regierung ihre Bürger unter solch teilweise miserablen Umständen leben lassen kann, aber diese scheinen der Lebenslust der Bevölkerung keinen Abbruch zu tun. Eben das genau ist es, was ich an den Kubanern so schätze: Sie sind der Beweis dafür, dass es nicht viel braucht, um glücklich zu sein. Der Materialismus unserer heutigen Gesellschaft, in dem sich alles nur um Konsum dreht, ist mir schon seit Jahren ein Dorn im Auge. Das ist womöglich einer der Gründe, warum ich mich auf Kuba so wohlfühle.

Ein weiterer Grund ist die Landschaft. Kuba ist eines der schönsten Länder, die ich kenne. Die weißen Strände, das türkisblaue Meer und die vielfältige Vegetation geben der Insel nicht nur ihr karibisches Flair, sondern machen sie für mich auch sehr interessant. Selbst in der Stadt blühen tropische Palmen und erwecken die Betonwüste zum Leben.

Auch kulturell hat Kuba meiner Ansicht nach weitaus mehr zu bieten als Deutschland. Die Insel besteht nicht nur aus Tabak- und Kaffeeplantagen. Auch ihre Geschichte berührt mich im Herzen. Seit jeher wurde die kubanische Bevölkerung unterdrückt. Als Christoph Kolumbus 1492 Kuba entdeckte, begann ein langer Kampf für die Kubaner, welche seitdem von den Spaniern unterdrückt wurden. Die Kolonialherrschaft hat den Einheimischen stark zugesetzt. Später dann wurden sie von den US-Amerikanern unterdrückt, bis sie im 20. Jahrhundert nach dem 30-jährigen Guerillakrieg endlich ihre Unabhängigkeit erlangten. Doch dies hatten sich die Kubaner anders vorgestellt. Von Demokratie waren sie weit entfernt. Und so zettelte Fidel Castro als junger Rechtsanwalt in den 1950er Jahren die kubanische Revolution an, um Kuba von Batistas Herrschaft zu befreien. Nachdem Fidel Castro die Revolution mit seinem Bruder und mit Che Guevara an seiner Seite gewann, übernahm er die Führung des Landes. Für viele Kubaner war er damals ein Held, dem sie nicht nur die Befreiung Kubas, sondern auch ein gutes Bildungs- und Gesundheitssystem für alle Bevölkerungsschichten zu verdanken haben. Für andere jedoch ist er ein kommunistischer Diktator, der wegen diverser Menschenrechtsverletzungen verhasst ist.

Wie man es auch einschätzt: Fidel Castro hat entscheidend zum heutigen Zustand der Insel beigetragen; die Insel ist zwar wirtschaftlich rückständig, aber menschlich ganz weit vorne!

Der Wagen hält vor einem umzäunten Grundstück an und ich sehe das große Einfahrtstor langsam aufgehen. Durch eine große Hecke ist das Haus von der Straße aus nicht einsehbar und wir sind dadurch vor neugierigen Blicken geschützt. Vielleicht sollte ich zur Verdeutlichung besser nicht von einem Haus, sondern besser von einer provenzalischen Villa sprechen. Ich steige aus dem Wagen aus und stehe nun vor dem zweistöckigen Altbau. Handwerkliche Verzierungen der Außenfassade lassen auf eine Mischung aus gotischen, romanischen, italienischen und barocken Stilelementen setzen. Spitzbögen, Säulen und Gesimse verdeutlichen die architektonische Extravaganz dieses Gebäudes. Trotz der Baufälligkeit glänzt es dennoch frisch gestrichen in seinem alten Charme. Ich persönlich würde stets einen solchen Altbau einer modernen Architektenvilla vorziehen, denn für mich ist die Geschichte eines Hauses ausschlaggebend.

Als ich die Stufen zur großen Eingangstür hinaufsteige, spüre ich die Präsenz der Villa. Ich durchschreite die Mahagoni-Eingangstür, auf der ein aus Bronze geschmiedetes Wappen in die Struktur des Edelholzes eingearbeitet ist. Nachdem ich in das Foyer der Villa gelangt bin, fallen mir sofort der Carrara-Marmor und die Granada-Keramik ins Auge – europäische Importe aus dem von mir geschätzten 18. Jahrhundert. Ich halte es für eine Schande, dass die Materialien fehlen, um die Villa einer ihrer Würde entsprechenden Renovierung unterziehen zu können. Aber für diesen Umstand ist Kuba bekannt. Das Embargo macht sämtliche Importe für die Insel unmöglich, sodass die Einwohner mit dem auskommen müssen, was ihnen auf der Insel zur Verfügung steht. Es gibt nur wenige Ausnahmen, wie beispielsweise den Import von Öl oder Maschinen aus verbündeten Staaten.

Eine nette, ältere Dame taucht auf und heißt mich willkommen. Sie ist die Hausangestellte, die sich in den kommenden Tagen um uns kümmern soll. Nach einem kurzen Rundgang durch die Villa führt sie mich in mein Schlafgemach, wo ich mich bis zum Abendessen von meiner langen Anreise erholen kann. Den Abend verbringe ich mit Coka, die auf der Insel Luna genannt wird, wie sie mir erzählt. Während des Abendessens erklärt sie mir, wie der morgige Tag ablaufen soll – der Tag der Ordensverleihung. Als ich ihr von meiner Leidenschaft für kubanische Zigarren berichte, strahlt sie mich an. Sie hat die besten Beziehungen in Kuba, und zwar nicht nur zu wirtschaftlichen und politischen Kreisen. Ein Anruf reicht, um mir nur kurze Zeit später die erlesenste Auswahl kubanischer Zigarren in die Villa liefern zu lassen.

Wir beschließen den Abend mit tiefgründigen Gesprächen auf der Terrasse mit Blick auf das Wasser ausklingen zu lassen. Coka erzählt mir von ihren Erfahrungen, die sie an der Seite von Fidel Castro gesammelt hat, und ich höre ihr gespannt zu. Ich meinerseits erzähle ihr von der Überfahrt von den USA nach Kuba. Nach drei Zigarren und einige *Cuba Libres* schlafe ich selig ein und wache erst im frühen Morgengrauen wieder auf. Ich lasse den Tag ganz gelassen angehen, sitze auf einem alten Schaukelstuhl auf der Veranda, halte einen Espresso in der Hand und sehe dem Sonnenaufgang entgegen.

Es ist Punkt 12 Uhr mittags, als ich wieder von einem Wagen der neuen Mercedes E-Klasse abgeholt werde. Wir fahren Richtung *Marina Hemingway*, aber kurz davor biegen wir ab und kommen zu einem herrschaftlichen Gebäude, das streng bewacht ist. Männer in Militäruniformen stehen mit Schnellschusswaffen davor und versperren uns den Weg zu dem staatlichen Gebäude. Wir werden nur kurz kontrolliert und dann durchgelassen. Das große Anwesen liegt direkt am Meer, hat einen eigenen Strand und eine großartige Terrasse mit spektakulärem Blick auf den Atlantischen Ozean.

Als ich das Gebäude betrete, traue ich meinen Augen nicht. Botschafter aus vielen Ländern sind anwesend und stellen sich mir vor. Ich bin plötzlich der Mittelpunkt eines Staatsempfangs, was mich überwältigt und unendlich mit Stolz erfüllt. Ich hatte tatsächlich mit allem gerechnet, aber nicht mit einem solchen Empfangskomitee – ich bin sprachlos. Diskret werde ich in den protokollarischen Ablauf eingeweiht. Nach einem kurzen Sektempfang wird es zunächst einige Ansprachen geben und sodann wird mir, am Höhepunkt der Feierlichkeit, eine Urkunde verliehen. In der Menge entdecke ich mir bekannte Gesichter: die kubanischen Minister für Sport und Kultur und auch der Commodore der *Marina Hemingway*. Ich freue mich sehr, sie wiederzusehen und berichte ihnen von den letzten Monaten. Wichtige Politiker in schicken Anzügen wie auch nationale und internationale Journalisten und Fernsehmoderatoren drängeln sich um mich wie Wildtiere um ein Wasserloch mitten in der Savanne. Sie alle sind gekommen, um meine Geschichte zu hören. Mit vollstem Vergnügen erzähle ich ihnen sämtliche Einzelheiten meiner Weltrekordfahrt – angefangen von der ersten Idee bis hin zum Weltrekord. Sie stellen mir unzählige Fragen, doch der Sektempfang geht leider viel zu schnell vorbei, um alle ausführlich beantworten zu können.

Meine Erzählungen werden von Blumenmädchen unterbrochen, welche beginnen, Blüten auf den Boden der Terrasse zu streuen. Ich beobachte, wie offizielle Vertreter Kubas meterhohe Flaggen in den Händen halten. Nachdem sie langsam in Formation durch die Menge geschritten sind, positionieren sie sich nun in einer Reihe direkt vor dem Podest. Ich sehe den Commodore die

Bühne betreten und einen Zettel auf dem Pult platzieren. Nachdem er das Mikrofon zurechtgezerrt und sich geräuspert hat, hält er eine kurze Ansprache. Er berichtet von dem organisatorischen Aufwand, welcher hinter dem Weltrekord steckte und wie er alles von Kuba aus steuerte. Er fährt fort, dass er sich überaus geehrt fühlte, dass die *Marina Hemingway* Sponsor und Veranstalter dieses außergewöhnlichen Sportereignisses sein durfte. Nachdem er schlussendlich seinen Dank und seine Glückwünsche mir gegenüber ausgesprochen hat, übergibt er das Wort an den Minister für Sport, der mit einer inhaltlich ähnlichen Rede fortfährt.

Der Gedanke daran, dass dies alles nur meinetwegen stattfindet, raubt mir den Atem. Ich verspüre eine Gänsehaut über meinen Rücken laufen und bin tief berührt. Plötzlich erklingt Kubas Nationalhymne. Eine Live-Band, bestehend aus zehn Musikern, die einheitlich in weiße Uniformen gekleidet sind, versprüht den Zauber dieser Insel. Dann endet die musikalische Darbietung und ich werde ich auf die Bühne gerufen. In Sekundenschnelle bekomme ich zittrige Hände und einen Schweißausbruch. Ich bin nicht nur ein Teil, sondern der Grund für diese feierliche Zeremonie. Diese Erkenntnis beschleunigt nicht nur meine Atmung, sondern lässt auch mein Herz schneller pochen. Anschließend kommt der Moment, in dem mir der Sportminister die Urkunde überreicht. Er übermittelt mir die Grüße des Staatspräsidenten Raúl Castro, in dessen Namen mir die Auszeichnung zuteilwird. Seine ehrlichen Worte überwältigen mich. Ich kann meinen Dank nur schwer in Worte fassen. Zu meiner Überraschung wird mir auch noch ein Orden verliehen. Der Minister für Sport berichtet voller Stolz, dass dies die höchste Ordensauszeichnung ist, die Kuba je verliehen hat. Ich habe mich in meinem ganzen Leben noch nie so geehrt gefühlt und genieße jeden Augenblick.

Nach der eindrucksvollen Ehrung genießen wir noch ein Mittagessen in dieser wunderschönen Atmosphäre mit Blick auf das Meer. Ich habe nun Zeit, die Fragen der Botschafter ausführlicher zu beantworten und spreche über Leidenschaft und Durchhaltevermögen. Am Nachmittag werden ich und Luna von einem

Chauffeur zurück in die Villa gefahren, in der ich untergebracht bin. Noch voller Eindrücke des heute Erlebten sitze ich abends lange auf der Terrasse, schaue aufs Meer und unterhalte mich mit Luna. Dies war ein besonderer Tag für mich, den ich sicherlich mein ganzes Leben lang nicht mehr vergessen werde.

KAPITEL 9

BACK TO THE USA

Doch meine Euphorie sollte nicht lange anhalten. Kaum bin ich aus Kuba zurück, noch immer im Glücksgefühl der wunderbaren Erlebnisse, erreicht mich eine Nachricht meiner Anwältin Ramona Johnson aus Miami. Sie teilt mir mit, dass die *Apache Star* umgehend in die USA zurückgeführt werden muss. Der Grund dafür ist, dass es sich bei der *Apache Star* um ein amerikanisches Herstellungsgut handelt, welches nach dem Weltrekord laut Verträgen mit der US-Küstenwache, der US-Regierung und dem US-Zoll in die Vereinigten Staaten von Amerika zurückgebracht werden muss. Ramona zählt mir Strafen auf, die drohen, wenn ich dieser Vertragsbedingung nicht nachkomme.

„Mr. Klüh, Ihnen drohen eine Geldstrafe in Millionenhöhe und bis zu 20 Jahre Haft wegen Verstoßes gegen das Embargogesetz!", eröffnet sie mir.

Ich kann das alles zuerst nicht glauben und will es auch nicht wahrhaben. Doch Ramona lässt nicht locker: Ich habe vom US-Zoll eine Sondergenehmigung für meine Weltrekordfahrt für einen Zeitraum von sechs Monaten bekommen. Diese Frist ist jedoch inzwischen abgelaufen.

Da ich den Ernst der Lage erkenne, entschließe ich mich dazu, weitere Rechtsberater hinzuzuziehen. Die global aktive Beratergesellschaft *KPMG*, die auch einen Standort in Düsseldorf unterhält, arbeitet schon seit langem mit unserem Familienunternehmen zusammen. Dieses Unternehmen erscheint mir in meiner jetzigen Situation als bester Rechtsbeistand und so lege ich kurzerhand sämtliche Dokumente und Vereinbarungen den Juristen der *KPMG* vor. Ich führe viele Gespräche mit ihnen, um die Hintergründe zu beleuchten und die Feinheiten meines Falles darzulegen. Es dauert nicht lange, bis das Düsseldorfer Unternehmen das Mandat annimmt.

Die Juristen entscheiden sich jedoch dafür, langsam an die Sache heranzugehen und den Fall mit möglichst geringem Aufwand abzuschließen. So stellen sie in den USA den Antrag auf Verlängerung der Frist für den Export der *Apache Star*. Die Fachleute beschwichtigen mich in meinen Sorgen und sagen mir, dass es sich hierbei lediglich um eine reine Formsache handelt. Wenig später erhalten sie jedoch zu ihrer großen Überraschung eine Ablehnung des Antrags. Es scheint, als würde es den Experten der *KPMG* allmählich dämmern, wie ernst die Lage in Wirklichkeit ist. Für eine unkomplizierte Routinearbeit hätte ich schließlich nicht die besten Fachleute rekrutieren müssen.

Im nächsten Anlauf soll mit der Vorlage entsprechender Dokumente bewiesen werden, dass ich fest entschlossen bin, die *Apache Star* in die USA zurückzubringen, sobald dies möglich ist. Darüber hinaus werde ich zwischenzeitlich – bis zur Klärung des Sachverhalts – nicht mehr in die USA einreisen, um einer Verhaftung zu entgehen.

Ursprünglich war ja geplant, dass ich nach der Ankunft in Kuba eine Pressekonferenz halten und anschließend mit der *Apache Star* wieder zurück in die USA fahren werde, um einen zweiten Weltrekord auf der Strecke Key West-Havanna aufzustellen. Doch soweit ist es leider nicht gekommen, da die *Apache Star* bereits bei der ersten Überfahrt nach Havanna den Geist aufgegeben hat. Wegen der enormen Schäden ist sie seitdem nicht mehr fahrbereit. Sie kann noch nicht einmal gewässert werden, weil sie schlichtweg untergehen würde. Die einfachste Möglichkeit wäre natürlich, sie auf Kuba reparieren zu lassen und dann zurück in die USA damit zu fahren. Doch das ist leichter gesagt als getan. Ich müsste über 100 Ersatzteile aus den USA nach Kuba liefern lassen. Nachdem ich über drei Jahre die Embargogesetze studiert habe, bin ich mir sicher, dass ich für jede einzelne Schraube eine Sondergenehmigung beantragen müsste. Schon allein deshalb ist dieser Plan zum Scheitern verurteilt. Zusätzlich müsste ich US-amerikanische Ingenieure und Mechaniker einfliegen lassen, da das Wissen der Kubaner über die hochgezüchtete, individualisierte Renntechnik der *Apache Star* – gelinde gesagt – nicht ausreicht. Angesichts der strengen Embargoregeln ist das ebenfalls illusorisch.

Ich befinde mich in einem Teufelskreis: Ich muss das Boot zurückholen und will es auch, aber aufgrund der Schäden ist das unmöglich. Also bitte ich die US-Küstenwache um einen „Unfall-Notplan", doch jegliche Unterstützung wird abgelehnt. Der Grund: Die Schiffe der Amerikaner dürfen sich Kubas Küste nur bis auf 12 Meilen nähern. Hilfe von amerikanischer Seite erhalte ich also auch nicht.

Es ist zum Verzweifeln. Was bitte hatte ich mir da angetan? Ich habe stets angenommen, dass nach dem Tag der Überfahrt mein Projekt abgeschlossen wäre, doch da hatte ich mich immens getäuscht. Damals bin ich natürlich auch nicht von solch massiven Schäden an der *Apache Star* ausgegangen. Ich dachte, dass ich das widerstandsfähigste Speedboot aller Zeiten bauen würde. Oh, wie hatte ich mich doch getäuscht!

Meine Anwälte machen mir weiter Druck. Ich soll meinen unbedingten Willen belegen, das Problem zu lösen. Da komme ich schließlich auf die Idee, ein russisches Frachtflugzeug zu chartern, welches das Boot befördern könnte. Es würde das Boot nach Deutschland fliegen und von dort zurück in die USA, denn direkt von Kuba in die USA zu fliegen ist nach wie vor verboten. Abgesehen von den unfassbar hohen Kosten ist auch diese Möglichkeit durch entsprechende US-amerikanische Regeln nicht realisierbar. Das ist zwar keine Lösung, aber zumindest ein weiterer Beweis für meine Mühen, die *Apache Star* aus Kuba exportieren zu wollen.

Ein internationales Transportunternehmen, das in der Nähe von Bonn ansässig ist, kontaktiere ich ebenfalls. Anfangs teilt man mir großspurig mit, dass das kein Problem sei, denn schließlich fliege man ja auch Formel 1-Rennwagen rund um die Welt.

Den Auftrag nehme man gern an, denn er sei für die Firma ein großer Prestigegewinn. Doch leider wird daraus ebenfalls nichts, denn nach einiger Zeit teilt man mir kleinlaut mit, dass eine nötige Sondergenehmigung für die Aktion von den US-Behörden abgelehnt worden sei. Auch ein Spediteur aus Florida, welcher sich auf den weltweiten Transport von Jachten spezialisiert hat, winkt ab – keine Genehmigung!

Die Lage wird immer skurriler: Ich bin guten Willens, tue alles, was in meiner Macht steht, aber die Amerikaner lassen mich nicht und wollen mir zugleich auch nicht helfen. Immerhin wächst der Ordner mit den Dokumenten gescheiterter Versuche immer weiter – Belege für meinen unbedingten Willen bezüglich des Exports der *Apache Star*.

Nach einiger Zeit und etlichen Absagen der US-Regierung fange ich an, die Sache persönlich zu nehmen. Die Sturheit der Amerikaner macht mich unglaublich zornig. Offenbar wollen sie mir nicht entgegenkommen. Die Frage ist nur: Warum? Gibt es Widerstände, weil sie sich von mir durch die spektakuläre Fahrt und durch das weltweite Medienecho, in dem die US-Regierung nicht gerade gut wegkommt, vorgeführt fühlen? Keiner kann mir diese Fragen beantworten. Aber eines ist sicher: Ich habe ein ernsthaftes Problem, das ich auf jeden Fall lösen muss, denn sonst kann ich nie wieder in die USA reisen, weil dort eine hohe Geldstrafe und Haft auf mich warten. Auch meine Anwälte raten mir von einer Reise in die USA eingehend ab. Sie wissen, wie ernst solche Dinge dort genommen werden und sehen mich vermutlich schon im Gefängnis.

Weil das alles noch nicht genug ist, erreicht mich zwischenzeitlich noch eine Nachricht meines Versicherungsunternehmens. Sie kündigen mir die Haftpflichtversicherung für die *Apache Star*. Na bravo – wenn's läuft, dann läuft's richtig! Ich weiß, dass das Boot gut in der *Marina* aufgehoben ist. Es ist also nicht gefährdet. Trotzdem habe ich irgendwie ein ungutes Gefühl.

Es ist mein Bauch, der mir sagt: „Fahr lieber nach Kuba und überzeuge dich selbst."

Wenn man einmal so ein Gefühl hat, dann lässt es einen nicht mehr los. Nervig und kräfteraubend!

Also bleibt mir tatsächlich nichts anderes übrig, als nach Kuba zu fliegen, um mir mit eigenen Augen ein Bild vom Zustand der *Apache Star* zu machen.

Als ich auf Kuba ankomme, trifft mich fast der Schlag! Ich hatte die Fürsorge der Kubaner wohl überschätzt – zumindest was mein Speedboot angeht. Den einzigen Schutz vor der Hurrikansaison erhält die *Apache Star* durch eine löchrige Plane, die das Cockpit bedeckt. Als ich einen Blick in das Innere des Cockpits werfe, sehe ich, dass die *Apache Star* den Wetterbedingungen auf Kuba bisher ganz gut getrotzt hat. Sie steht auf Stahlträgern, welche einen ganz stabilen Eindruck machen. Technisch gesehen ist also soweit alles in Ordnung – bisher zumindest. Lediglich die Farbe des Bootes hat eine große Veränderung durchgemacht. Das grelle Neonorange ist einem hellen bzw. weißen Ton gewichen. Aufgrund der intensiven Sonneneinstrahlung, die auf Kuba täglich herrscht, ist die Farbe des Bootes ausgeblichen. Nun sieht es aus wie ein abstraktes Kunstwerk. Weil mich das neugierig macht, kontaktiere ich den deutschen Hersteller. Der bestätigt mir, dass sich solche Neonfarben durch direkte Sonneneinstrahlung verändern, was beispielsweise auch für die Einsatzwagen der Feuerwehr in Deutschland gelte. Aber diese sind natürlich nicht über einen längeren Zeitraum einer so intensiven Sonneneinstrahlung wie mein Boot auf Kuba ausgesetzt. Am Ende stelle ich fest, dass mir diese neue Farbe gefällt. Nein, besser noch: Ich liebe sie! Die Farbe repräsentiert auf ihre ganz eigene Weise die Geschichte dieses sagenhaften Speedbootes.

Trotzdem kann das kein Dauerzustand bleiben. Ich bin enttäuscht und vor allem sauer, mein Boot hier so ungeschützt vorzufinden, obwohl man mir Schutz und Pflege versprochen hat. Jetzt habe ich über drei Jahre lang mein absolutes Traumboot gebaut, dann hat es diesen außergewöhnlichen Umständen des Atlantiks getrotzt und nun rottet es hier still und heimlich auf Kuba vor sich hin?

„Das kann doch wohl nicht wahr sein!", denke ich mir.
Ich ziehe Luna als helfende Hand hinzu, welche mir erneut nicht nur als Übersetzerin, sondern auch in organisatorischen Belangen beste Dienste erweist. Zusammen mit ihr versuche ich, den Männern in der *Marina* zu verdeutlichen, dass das so nicht geht. Ich denke, dass es sich hierbei primär nicht um ein Kommunikationsproblem handelt, sondern dass eher kulturelle Unterschiede verantwortlich sind. Schließlich gehen die Kubaner – ähnlich wie die Franzosen – an alles in lässiger Art und Weise heran. Doch ich bin nun einmal Deutscher. Wir sind für Ordnung und Struktur bekannt. Das allein würde bereits den Konflikt zwischen mir und den Kubanern erklären, doch darüber hinaus bin ich ein Pedant und Perfektionist. Und das ist keine günstige Kombination.

Ein Jahr vergeht und eine Lösung für den Export ist immer noch nicht in Sicht. Auch der Zustand der *Apache Star* verschlechtert sich stetig, da sich die Schutz- und Pflegeumstände auf Kuba trotz meiner Anweisungen nicht verbessert haben. Auf Kuba berichtet das heimische Fernsehen inzwischen vom „verbotenen Boot". Mir wird auch klar, dass der Commodore der *Marina* wenig Interesse daran hat, dass die *Apache Star* an einen anderen Ort kommt: Die Liegegebühr stellt eine Einnahme dar, auf die er nur ungern verzichten würde.

Die Vorstellung, die *Apache Star* auf Kuba zu lassen, scheint dort etliche Freunde zu haben. Jedenfalls bekomme ich ein offizielles Schreiben von Raúl Castro, in dem er mir mitteilt, er fände die Idee sehr gut, aus dem Boot ein Denkmal zu machen. Ich kann dem Gedanken etwas abgewinnen. Immerhin sehe ich zu dieser Zeit kaum noch eine Chance, die *Apache Star* wieder in die USA zurückzubringen. Ein Denkmal zu Lebzeiten – nicht übel. Allerdings wäre das mit dem Nachteil verbunden, nie wieder in die USA einreisen zu dürfen. Ist es das wert?

Nach dem Erhalt des Schreibens von Raúl fliege ich erneut nach Kuba, um über einen Standort für das künftige Denkmal zu sprechen. Einige plädieren für den Hafen, und zwar im Kreuzfahrtterminal, an dem die großen Touristenschiffe anlegen. Das jedoch lehnt der Kulturminister ab. Dieses Hightech-Boot vor der historischen Kulisse Havannas – das sei nicht akzeptabel. Weitere Vorschläge folgen. Einer will das Boot in Stein gemeißelt und hochkant in Havanna aufstellen, auch eine persönliche Schenkung wird erwogen – und verworfen.

Während ich auf Kuba mögliche Zukunftspläne für die *Apache Star* schmiede, ändert sich in den USA die politische Großwetterlage. Die Amtszeit Obamas geht zu Ende, bald wird das Land eine neue Führung bekommen. Obama hatte vor nicht allzu langer Zeit Kuba besucht und eine neue Ära der Beziehungen proklamiert, was in Kuba mit einiger Irritation aufgenommen wurde. Mir wird berichtet, Raúl Castro habe nur das Nötigste getan, um den überraschenden Gast zu betreuen.

Als dann Donald Trump die Präsidentschaftswahl gewinnt, gelingt es mir, Kontakt zu einem seiner Freunde aufzunehmen. Ich hoffe, dies als neue Chance sehen zu können.

„You never know", denke ich mir – vor allem nicht im Land der angeblich unbegrenzten Möglichkeiten.

Dieser Freund, der selbst Segler ist, versteht zwar meine Zwickmühle, kann aber nicht helfen. In der ganzen Zeit jedoch haben meine Anwälte die Kontakte zu den US-Behörden nicht abreißen lassen und immer wieder alle meine Belege übersandt, aus denen ersichtlich ist, wie ich mich bemühe, die US-Regeln zu erfüllen und das Boot zurück in die Staaten zu bringen.

Ob es das ist oder der neue politische Wind, der in Washington weht – ich weiß es nicht. Jedenfalls bekomme ich am 3. Januar 2017 ein Schreiben des Handelsministeriums. Darin sind nochmals alle von mir gebrochenen Regeln aufgelistet und die daraus resultierenden Strafen, falls ich die Vorschriften zum wiederholten Male brechen sollte. Mir fällt ein Stein vom Herzen. Man gibt mir also eine zweite Chance. Das heißt natürlich nicht, dass ich die *Apache Star* nun einfach abholen kann. Aber immerhin erscheint es mir wie ein Licht am Ende des Tunnels.

Der Freund von Donald Trump gibt mir die Kontaktdaten des Regierungsspediteurs mit Sitz in Fort Lauderdale, Florida. Dieser hat Erfahrungen mit Exporten nach Kuba. Für Obamas Besuch hatte er beispielsweise dessen tonnenschweres Dienstfahrzeug *The Beast* auf die Insel geschafft.

Kurze Zeit später fliege ich nach Florida, um mit dem Mann im persönlichen Gespräch alle Details zu erörtern. Nachdem ich ihm meine ganze Geschichte erzählt habe, sieht er mich ungläubig an. Dieser Gesichtsausdruck ist mir mittlerweile überaus bekannt. Doch auch er scheint mir eine Kämpfernatur zu sein. Er zählt sämtliche Hürden und Probleme auf, die es zu überwinden gilt – allen voraus die unabdingbare Sondergenehmigung aus Washington. Ich berichte ihm von meinen Erfahrungen in Bezug auf Sondergenehmigungen aus Washington und dass ich bisher nur Absagen erhalten habe. Er lacht und erzählt mir, dass es nicht die US-Regierung wäre, wenn man einfach etwas von ihr bekommen würde.

Nach kurzem Innehalten nimmt er den Auftrag an: „Ok, let's do it!"

Ich bin erleichtert und froh, nun endlich einen Mann mit einflussreichen Kontakten zur US-Regierung an meiner Seite zu wissen. Er setzt einen neuen Antrag auf und reicht diesen in Washington ein. Ich weiß nicht, ob er mit Donald Trump während eines Angelausflugs oder auf dem Golfplatz über die Rückholaktion von der *Apache Star* gesprochen hat, aber tatsächlich kommt nur zwei Wochen später grünes Licht aus Washington. Ich bin sprachlos, als mich diese Nachricht erreicht. Unfassbar, dass es endlich funktioniert hat. Endlich gibt es einen Weg, aus dieser Misere wieder herauszukommen.

Der Spediteur erklärt weiter, er brauche für den Transport ein spezielles Untergestell, um das Boot darauf transportieren zu können. Aber das könne man auf Kuba bauen lassen. Also reise ich zum x-ten Mal nach Kuba, treffe mich mit Luna und wir beginnen damit, für den Rücktransport alles vorzubereiten. Auch der kubanische Spediteur braucht eine Sondergenehmigung, um die *Apache Star* über Land transportieren zu können. Sie wiegt über zehn Tonnen, ist 17 Meter lang und soll jetzt exportiert werden, obwohl sie offiziell nie importiert wurde. Mittlerweile kann ich das Wort „Sondergenehmigung" nicht mehr hören! Und es überrascht mich auch nicht, als ich merke, dass es nun Widerstand seitens der kubanischen Regierung gibt. Ohne Widerstand wäre es auch zu leicht. Offenbar ist das Interesse gering, die *Apache Star* wieder in die USA schaffen zu wollen. Der kubanische Spediteur, welcher beauftragt ist, die *Apache Star* über Land zum Cargo-Hafen zu transportieren, war zuerst noch sehr hilfsbereit. Doch jetzt pocht er plötzlich auf eine notwendige Sondergenehmigung, um das Boot außer Landes zu schaffen.

Einmal mehr erlebe ich, wie wichtig es ist, Luna an meiner Seite zu haben. Durch ihre Zeit als Mitarbeiterin des legendären Fidel ist sie selbst zu einer Legende geworden. Mit Nachdruck vermittelt sie bei den Behörden und macht ihnen klar, wie das alles zu laufen hat. Schließlich sprechen wir erneut mit dem Commodore der *Marina* und er erteilt den Auftrag, ein Holzgerüst zu bauen, auf dem die *Apache Star* transportiert werden kann. Das ist alles sehr aufwendig, zeitintensiv und – zumindest für kubanische Verhältnisse – teuer. Allein für das Holzgerüst muss das Boot aufgrund der Schwerpunktbelastung sorgfältig vermessen werden, was keine alltägliche Aufgabe für kubanische Handwerker ist.

Als endlich alles besprochen ist, reise ich zurück nach Deutschland – nicht ahnend, dass ich nur kurze Zeit später wieder in Kuba sein werde. Am 25. November 2016 erreicht mich die schreckliche Nachricht: Fidel Castro ist tot. Ein paar Tage später erhalte ich einen Brief seines Bruders, der mich zum Begräbnis einlädt. Nach neun Tagen Staatstrauer soll Fidel Castros Asche in Santiago de Cuba beigesetzt werden.

Als ich am nächsten Tag auf Kuba ankomme, erlebe ich ein Land im Schockzustand. Fidel war das Idol der Kubaner, der ihnen damals, Ende der 1950er Jahre, ihre Freiheit und ihre Würde zurückgegeben hatte. Er ist über all die Jahre hin verehrt worden und sein Tod stürzt Kuba in tiefe Trauer. Die Atmosphäre auf der Trauerfeier ist gespenstisch. Sie findet im kleinen Kreis auf dem Friedhof Santa Ifigenia statt. Als Soldaten in Festtagsuniformen die Urne mit Fidels Asche den Friedhof entlang tragen, erklingen die Stimmen von tausenden Kubanern. Mit lähmenden Stimmen singen sie die Nationalhymne zum Gedenken an ihren ehemaligen Präsidenten. Es ist das einzige Mal, dass ich die sonst immer so fröhlichen Kubaner in diesen Tagen habe singen hören. Keine Musik, kein Tanz, kein Alkoholausschank – nur Totenstille über Tage hinweg: Eine Kulisse, die mir Gänsehaut verschafft. Im staatlichen Fernsehen ist den ganzen Tag nur Fidel zu sehen – seine Reden (die immer über Stunden gingen), seine Reisen, immer wieder Fidel.

Schlussendlich weiß ich nicht, ob es meine Hartnäckigkeit oder die verschobenen Prioritäten der nach wie vor trauernden Kubaner war, aber wenige Wochen nach Fidel Castros Tod halte ich endlich die nötigen Papiere für den Export der *Apache Star* in den Händen. Ich übermittle die Dokumente meinem amerikanischen Spediteur, in der Hoffnung, dass er jetzt alles Notwendige in die Wege leiten kann. Nun ist er jedenfalls bevollmächtigt, das Boot auf Kuba zu verladen und in die USA zu schaffen. Und tatsächlich scheint meine Glückssträhne anzuhalten. Nur kurze Zeit später bekomme ich die Nachricht, dass die *Apache Star* verladen worden und nun auf dem Weg nach Florida sei. Ich kann es kaum glauben! Nach all dem Papierkrieg, den Tausenden von Anträgen und Ablehnungen, ist die *Apache Star* endlich auf dem Weg zurück in die USA.

Am nächsten Tag rufe ich in der *Marina Hemingway* an, um zu fragen, ob sie schon etwas von der *Apache Star* gehört haben. Doch leider können sie mir keine Auskunft geben. Am darauffolgenden Tag versuche ich erneut, die Position des Frachters herauszufinden, doch ich scheitere abermals.

Am dritten Tag platzt mir dann der Kragen: „Der Frachter müsste längst in Florida angekommen sein! Der kann doch nicht drei Tage brauchen?! Und warum kann mir niemand sagen, wo die *Apache Star* ist?"

Ich wusste zwar, dass das Cargo-Schiff länger brauchen würde als meine 90 Minuten, aber drei Tage scheinen mir dann doch zu lang. Ich kontaktiere meinen Spediteur in Fort Lauderdale, erreiche ihn aber nicht. Meine Nervosität steigt ins Unermessliche. Was ist passiert? Die *Apache Star* ist nicht versichert, denn keine Versicherung wollte das Risiko eingehen. Der gesamte Transport läuft auf meine Verantwortung.

Als ich endlich eine Nachricht meines Spediteurs erhalte, rutscht mir das Herz in die Hose.

„Aufgrund des schlechten Wetters ist der Frachter im Hafen von Nassau auf den Bahamas eingelaufen", sagt er mit zittriger Stimme.

Obwohl mein Spediteur mittels Erklärungen versucht, mich zu beruhigen, gelingt ihm das keineswegs. Ganz im Gegenteil, ich werde immer nervöser. Die *Apache Star* steht offen auf einem Container, weil es anders nicht ging.

Dann redet er weiter: „Tut mir leid, Herr Klüh, aber was ich Ihnen jetzt erzähle, wird ihnen nicht gefallen. Man hat mir berichtet, dass Ihr Speedboot heruntergefallen sei."

„Wie bitte? Was soll das heißen?!", entgegne ich ihm mit entsetzter und aufgebrachter Stimme.

Er kann mir nichts über mögliche Schäden berichten. Die Ungewissheit, ob die *Apache Star* nach ihrer glorreichen Historie auf dem Meeresboden versunken ist, raubt mir alle Nerven und sämtlichen Schlaf in den kommenden Tagen. Weitere zwei Tage braucht der Frachter, um von Nassau nach Fort Lauderdale zu tuckern. Ob sich die *Apache Star* an Bord befindet, ist mir nicht bekannt. Die Ungewissheit macht mich wahnsinnig.

Am 7. Februar 2017 erhalte ich dann endlich die erlösende Nachricht: Die *Apache Star* ist in Fort Lauderdale angekommen. Sie ist zurück in den USA! Das Holzgerüst, das ich in Kuba hatte bauen lassen, ist zerschmettert und mein Speedboot liegt seitlich in dem offenen Container.

Aber nun muss sie durch den Zoll. Und dieser Vorgang nimmt viel Zeit in Anspruch. Da die *Apache Star* aus Kuba kommt, sind die US-Behörden besonders kritisch und gründlich. Einen Monat lang ist sie blockiert, man hat sie sogar gescannt, um sicher zu sein, dass nicht irgendwo Drogen versteckt sind. Aber irgendwann ist man zufrieden: Das Boot, das mir sehr am Herzen liegt, darf nun auch offiziell in die USA einreisen. Oder zurückkommen, je nachdem, wie man es sehen will.

KAPITEL 10

APACHE STAR IM RUHESTAND

Als ich höre, dass die *Apache Star* nun offiziell in die USA importiert wurde, gehen mir nochmals die ganzen Dinge durch den Kopf, die ich habe regeln müssen. Dreieinhalb Jahre waren nötig, um die *Apache Star* so zu modifizieren, wie ich sie haben wollte. Anderthalb Jahre dauerte es, bis sie wieder von Kuba zurück in die USA durfte. Und ein Jahr lang habe ich mich mit den US-Behörden und Gerichten herumgeschlagen, um die juristischen Vorwürfe gegen mich aus der Welt zu schaffen. Wäre das missglückt, dann hätte ich hohe Geldstrafen zahlen und für 20 Jahre ins Gefängnis wandern müssen.

Und das alles, um in 90 Minuten von den USA nach Kuba zu rasen. Bereue ich das? Nein, keine Sekunde – ich bin stolz darauf.

Und was wurde aus der *Apache Star*? Sie liegt heute in Miami. In aufwendigen Reparaturen wurden sämtliche technische Schäden behoben und nur die Blessuren, die während der Überfahrt entstanden sind, habe ich so belassen. Der Rest wurde in sechs Monaten Arbeit behoben. Vor allem die Signalfarbe hat gelitten und sich verändert – ihre Changierung entspricht dem Verlauf der kubanischen Sonne. Was mir wichtig ist: Man sieht dem Boot an, was es erlebt und überstanden hat.

Im Winter 2017 fliege ich nach Miami und beginne eine Serie von Testfahrten. Als ich die Motoren starte, bekomme ich Gänsehaut – ein unfassbares Gefühl. Endlich habe ich mein Boot wieder. Anfangs bin ich noch vorsichtig, fahre schonend die ersten Meilen, bis ich bei der zweiten Testfahrt wieder Vollgas gebe. Ein wunderbares Gefühl: Die *Apache Star* fliegt dahin wie immer, sie hält den enormen Belastungen stand. David Wild und ich testen unterschiedliche Schrauben, um die maximal mögliche Geschwindigkeit heraus zu finden.

Warum ich das mache? Weil mir das Boot so wichtig ist. Aber Rennen will ich mit ihr nicht mehr fahren. Sie soll nun ihre Ruhe haben, weitere Fahrten dieser Art soll es nicht mehr geben. Aber verkaufen will ich sie auf keinen Fall.

Eines Tages werde ich sie meinen beiden Söhnen vermachen.

POWERBOOT-LEGENDEN

RICHARD SPEED – Boote zu Schrott

Einer meiner größten Vorbilder ist fraglos Richard Speed. Er ist eine, nein: Er ist *die* Legende im Powerboat-Zirkus. Mit seiner Schwester wuchs er in einem kleinen Ort in Florida auf. Als Kind sah er die Testfahrer der großen US-Autobauer, die dort die Boliden ihrer Zeit testeten. Keine Boote, sondern Autos. Traumautos dieser Zeit, wie der Ford GT oder die Corvette von General Motors.

„Die Väter meiner Schulfreunde waren diese Testfahrer, und sie waren meine Helden", verriet Speed mir dereinst.

So etwas, mit PS und Gefahr und Geschwindigkeit, das wollte der kleine Richard künftig auch einmal machen. Doch es wurde weit mehr daraus. Nach der Schule ging er wie viele Amerikaner zur Armee, genauer gesagt zur Airforce nach Oklahoma City. Dort wurde er Chef einer Mechaniker-Crew. Sie arbeiteten damals an der *North American F-100 Super Sabre.* Sie war eine entscheidende Waffe im Kalten Krieg und gehörte zur ersten Generation der Überschalljets. Genau das Richtige für Richard Speed.

Von Oklahoma City ging er als Soldat nach Deutschland und dann nach Vietnam. Für Speed aber endete der Krieg nicht durch feindliche Kugeln des Vietcongs. Er erfuhr vom Tod seines Vaters per Post und musste sofort zurück nach Hause. Er, seine Mutter und seine Schwester standen nun ohne Ernährer da. Speed musste als Versorger der kleinen Familie in die Fußstapfen seines Vaters treten. Also brauchte er einen Job und zwar einen profitableren als den eines Korporals in der Armee.

Er bewarb sich bei *Mercury Marine*, damals wie heute einer der bedeutendsten Hersteller von Bootsmotoren aller Art wie auch von jenen Aggregaten, die im damals noch jungen Powerboot-Sport eingesetzt wurden. Die Firma suchte einen Mann, der Motorboote testen sollte. Der Job war ideal für Richard Speed und zu seinem großen Glück bekam er die Stelle. Nun war es seine Mission, acht Stunden pro Tag Motorboot zu fahren, fünf Tage die Woche, Jahr für Jahr.

Als ich ihn kennenlernte, sagte Speed: „Stell Dir vor, ich sollte jeden Tag Motorboote zu Schrott fahren und werde dafür auch noch bezahlt. Was für ein Job für einen 19-Jährigen."

Es wurde seine Erfüllung, Motorboote bis an ihre und oft auch über ihre Grenzen hinaus zu fahren. Das brachte ihm viel Erfahrung, vielleicht mehr als jedem anderen Menschen auf dem Planeten. Und so wurde Richard Speed zu einem so genannten *Throttleman*. Das ist der Mann, der alles genauso gut beherrscht wie der Kapitän, eine Art Co-Pilot, der die Schiffe bei Rennen trimmt und so über Siege und Niederlagen entscheidet. In den Jahren 1966 und 1967 begann Speed, als *Throttleman* tätig zu werden. In den 1970er Jahren stieg er in die Champion-Klasse auf, erst in Europa, dann in den Vereinigten Staaten. Er fuhr Boote von *Cigarette* und *Bertram* und er fuhr für das *Team Gentry* und für das *Team USA*. Dort war einer seiner Hauptsponsoren ein Casino in Atlantic City – *Trump Castle*.

Es waren Boote, die bis zu 200 Meilen schnell werden konnten und dabei viel gefährlicher unterwegs waren als alles, was heute auf dem Markt ist. 30 Jahre lang dominierte Speed die Rennboot-Szene. Zweimal stellte er neue Geschwindigkeitsrekorde auf. Sieben Mal holte Speed den *World Offshore*-Titel, zweimal davon mit einem Boot, das er besonders liebte und bis heute liebt. Es hieß *Apache Heritage*. Heute heißt es *Apache Star*.

Und niemand ist mit diesem Schiff so verbunden wie mein väterlicher Freund Richard Speed und ich.

MIKE MCMAJOR – Boote für Drogenjäger

Mike McMajor, Sohn schottischer Einwanderer in die Vereinigten Staaten von Amerika, studierte die geniale Kombination aus Architektur und Ingenieurswesen. Das war sein Glück und meines auch. Seine Karriere begann bei der in New Orleans ansässigen Firma *Halter Marine*, bei der es sich eigentlich um einen Rüstungskonzern handelte. Seine Aufgabe: Die Leitung der Konstruktion von 65-Fuß-Yachten. Das öffnete ihm die Türen zum Bau der legendären *Cigarette*-Boote, die in den USA Renngeschichte schrieben. McMajor zog um nach Miami Beach. Dort wurde er beauftragt, die Konstruktion von *Cigarette*-Booten zwischen 20 und 41 Fuß voranzutreiben. Und das gelang ihm mit einem echten Überraschungserfolg. Der Mann – halb Architekt, halb Ingenieur – konstruierte das erste mit einem *Kevlar*-Rumpf ausgestattete Rennboot der US-Geschichte. Dessen Name: *Ajac Hawk*. Gebaut wurde es im Jahr 1978, damals war ich also dreizehn Jahre alt. Und aus dem Stand holte McMajor's Boot, 38 Fuß lang, drei Weltmeisterschaftssiege für das berühmte *Cigarette*-Rennteam. Seine Art, erfolgreich Laminierungen aus *Kevlar* in Booten zu verarbeiten, setzte Standards für viele Jahre. Seine Forschungsarbeit in Sachen Rumpfbau und *Kevlar* stellten eine Revolution in den Rennserien dar. Boote, die von ihm erdacht und erbaut wurden und zudem durch beispiellose Designs ausgezeichnet waren – Boote wie die *Cigarette 38* oder später die *Apache 41* –, gehören bis heute in der Offshore-Rennszene zu den meistbewunderten und auch meistkopierten Booten überhaupt. 1979 gelang Mike McMajor der nächste Coup. Er schuf den ersten Schiffsrumpf dieser Rennklassen, der mit einem Dieselaggregat angetrieben wurde – seinerzeit eine Sensation. Unter seiner Anleitung und Führung erschuf das *Cigarette Racing Team* 60 dieser Boote innerhalb von nur drei Jahren, mindestens zehn davon allein für das amerikanische Militär. 1984 schließlich holte sein alter Weggefährte Don Aronow Mike McMajor als *Vice President* in das *USA Racing Team*, um Neues zu wagen: Katamarane, Boote mit Doppelrumpf zwischen 27 und 39 Fuß Länge. Diese sind auch für Anfänger im Bootsrennsport recht gut geeignet, fahrstabil und schnell. Sie waren so beeindruckend und simpel zu fahren und zu bedienen, dass sich schließlich die US-Zollbehörden dafür interessierten. Nicht um Bootsrennen zu fahren, sondern um damit Drogenschmugglern das Handwerk zu legen. George Bush senior persönlich reiste nach Miami, als er noch Vizepräsident unter Ronald Reagan war, um den Prototypen zu inspizieren. Dessen Name: *Blue Thunder*, das erste von 14 Schiffen, die Mike McMajor für die Zollbehörden der Vereinigten Staaten konstruierte und baute, um den Schmuggel an Floridas Küsten zu beenden.

Dann gab es eine entscheidende Wende, zum Guten aus meiner Sicht. Mike McMajor wechselte zu *Apache Powerboats*, der Schmiede meines Bootes. Unter seiner Aufsicht entwickelte der Rennstall, wie ich ihn nennen würde, allein zwischen 1986 und 1995 etwa 130 Hochleistungs-Rennboote im *Deep-V*-Stil mit einer Länge von 40 bis 50 Fuß. Und unglaublich, aber wahr: Jedes *Apache*-Boot, das McMajor entwarf und baute, gewann Rennen! Das ist ein Rekord, den wahrlich niemand in der Welt bis dato brechen konnte. Mike McMajor war der Erste, dem es – gemeinsam mit meinem Freund Richard Speed als *Throttleman* – gelang, mit einem 47-Fuß-Boot (einem Prototypen mit drei Motoren) die *Offshore Pro Tour Superboat*-Weltmeisterschaft sowohl 1992 als auch 1993 zu gewinnen. Die Zahl der baulichen Rekorde ergibt eine lange, viel zu lange Liste. Mike McMajor hat in seinem Leben mehr als 600 Offshore-Rennboote zwischen 20 und 65 Fuß Länge gebaut,. Viele schrieben Geschichte, darunter auch die *Apache Star*.

NICO COOK – KI und PS

Trotz der Umstände, dass er den wohl technologisch fortschrittlichsten Einrümpfer im Offshore-Motorbootrennsport besitzt und drosselt – den 48 *'Silverhook, Lucas Oil Silverhook* – und dass sein Team mit *IBM Watson* und *Cisco* zusammengearbeitet hat, um Echtzeit-Systemüberwachungs-Software zu entwickeln: Nico Cook bedeutet zweifelsfrei eine Rückkehr zu den glorreichen Tage meines Sports. Ein Freund von mir hat 1992 sein erstes Offshore-Rennen mit Cook in seinem 26-Zoll-*Skarabäus Archer Marine* gewonnen. Seit ich ihn kenne, hat Cook raues Wasser der flachen See und Ausdauerläufe Sprints vorgezogen. Kein Wunder also, dass er sich entschlossen hatte, den Rekord von Key West nach Havanna, der seinerzeit von mir mit der *Apache Star* gehalten wurde, in ambitionierten Zeiten zwischen 60 und 90 Minuten zu überbieten.

Cook besitzt *DataSkill*, ein Unternehmen für Datenintegration und Künstliche Intelligenz in der Gegend von San Diego. Er wuchs in England auf und beobachtete seinen Onkel Roger Cook bei Rennen auf der Strecke und im Offshore-Wettbewerb. Nico Cook hat mehrere Weltmeisterschaften und nationale Meisterschaften im Offshore-Rennsport gewonnen und von San Francisco bis Long Beach Langstreckenrekorde aufgestellt.

Der Weltrekordsversuch begann am *Mallory Square* in Key West. Cook wird das Boot drosseln, also als *Trottleman* agieren, und Jay Johnson würde fahren. Man startete morgens um acht Uhr am *Mallory Square* in Key West und brauchte bis Havanna tatsächlich nur eine Stunde und 18 Minuten. Ein Weltrekord, ohne Zweifel, aber bei perfektem Wetter und unter besten technischen Bedingungen.

Die Rückreise jedoch gestaltete sich schwerer: Zwei Stunden und sechs Minuten vergingen, und von dem Plan, zwischen 8 und 10 Uhr von Florida nach Havanna und zurückzufahren, blieb wenig übrig.

INTERVIEW MIT ROGER KLÜH

August 2020

Wie beurteilen Sie aus heutiger Sicht, fünf Jahre später, die Fahrt von Key West nach Havanna?

Klüh: Ich habe gegeben, was ich zu geben hatte, um dieses Projekt zu realisieren. Ich habe alles auf eine Karte gesetzt und war bereit, dafür mein Leben zu riskieren. Heute weiß ich, dass ich nicht mehr in der Lage bin, den Weltrekord zu wiederholen – weder physisch noch psychisch. Hätte ich damals gewusst, was auf mich zukommen würde, dann würde ich aus heutiger Sicht jedoch nichts daran ändern. Ich würde mir nur wünschen, 15 Minuten schneller gewesen zu sein, weil ich Perfektionist bin und die aus technischen Problemen resultierende Fahrtunterbrechung für mich ärgerlich ist.

Was bedeutet es für Sie persönlich, eine solche Aktion realisiert zu haben?

Klüh: Es bedeutet mir natürlich sehr viel. Dieser Erfolg erfüllt mich mit großem Stolz und gibt mir das Gefühl von Zufriedenheit. Es war mein Lebensprojekt.

Wie hat Ihre Umgebung reagiert? Welche positiven und negativen Reaktionen gab es? Hat die Mehrheit Sie als Spinner bezeichnet?

Klüh: Ehrlich gesagt haben viele gedacht, dass jemand, der so etwas vorhat, nur ein Spinner mit der Tendenz zum Größenwahn sein kann. Mein Projektvorhaben erschien zu unrealistisch. Meine Familie hingegen weiß um meine bescheidenen Vorsätze. Deshalb löste mein Vorhaben keine große Verwunderung aus. Dennoch hatte meine Mutter selbstverständlich Angst und Sorge um mich, wie es jede Mutter um ihr Kind hat.

Wann genau ist die Idee geboren worden?

Klüh: Das Ganze war ein Prozess. Ich baute die *Apache Star* in Amerika neu auf, war zeitgleich im Urlaub auf Kuba und machte mir Gedanken über die Funktion und den Einsatz dieses Bootes. Ich saß am Atlantik, sowohl in Havanna als auch in Key West, und habe immer wieder auf das Wasser geblickt. Ich dachte in diesen Momenten an das Land am anderen Ende des Horizonts. So wurde die Idee geboren. Jedenfalls war es irgendwann im Jahr 2012, als ich mein Vorhaben konkretisierte und mich zum Handeln entschloss.

Hat diese einmalige Erfahrung Ihren Blick auf die Dinge verändert? Wenn ja, wie und wo?

Klüh: Diese Erfahrung hat mein Leben geprägt. Ich wollte mir damals selbst beweisen, was ich kann und zu beherrschen glaube. Ebenso wollte ich allen Menschen und Kritikern wie auch meinem Vater zeigen, dass ich in der Lage bin, große Ziele zu erreichen. Das ist mir gelungen. Heute habe ich nicht mehr das Bedürfnis, irgendjemandem auf der Welt etwas beweisen zu müssen. Dieser einzigartige Erfolg, immerhin ein Kampf über sieben Jahre meines Lebens, hat mir Respekt und Anerkennung verschafft. Erfolg ist der Motor für maximale Leistung und für mich das schönste Gefühl der Befriedigung.

Ich habe das Gefühl, der glücklichste Mensch auf der Welt zu sein und dieser Erfolg trägt wesentlich dazu bei. Heute ist mir jedoch bewusst, dass ich nicht nur mein Leben riskiert, sondern auch meine väterliche Verantwortung aufs Spiel gesetzt habe. Genauso glaube ich zu wissen, dass es das schlimmste Leid auf der

Welt sein muss, wenn Eltern ihr Kind verlieren. Ich war damals egoistisch und habe nur an meinen Erfolg gedacht. Heute würde ich das Glück meiner Familie nicht mehr gegen Ruhm und Anerkennung eintauschen.

Gab/Gibt es Projekte, den Trip medial oder als Film zu verwerten?

Klüh: Ich würde mich natürlich sehr geehrt fühlen, wenn mein Lebensprojekt als Drehbuch eines Films dienen würde. Es gab diesbezüglich in der Tat auch schon Anfragen, jedoch steht momentan nichts Konkretes an. Ich bin auf jeden Fall gespannt, was die Zukunft noch bringen wird.

Wie haben Ihre Söhne reagiert, als sie erstmals von der Idee erfuhren? Wollte einer von ihnen oder wollten beide dabei sein, sprich: mitfahren?

Klüh: Was ihren Vater betrifft, so kann meine beiden Söhne wahrscheinlich nichts mehr überraschen. Die beiden sind auf Rennbooten groß geworden und sie kennen das Gefühl der Geschwindigkeit auf dem Wasser. Darüber hinaus kennen sie mich besser als jeder andere und trauen mir deshalb alles zu. Zu Recht! Den Gedanken des Mitfahrens gab es jedoch nie. Zumindest nicht für mich. Erstens hatten sie natürlich nicht die Qualifikationen und praktischen Erfahrungen, einen solchen Höllentrip zu überstehen und zweitens hätte ich sie sowieso nie diesem Risiko ausgesetzt.

In Ihrem Buch schreiben sie, die *Apache Star* soll an Ihre Söhne weitergegeben werden. Was würden Sie empfinden, wenn einer Ihrer Söhne oder beide mit der Idee zu Ihnen kämen, das Ganze zu wiederholen und den Rekord zu brechen?

Klüh: Es ist mir wichtig, dass die *Apache Star* erhalten bleibt. Zu einzigartig ist ihre Geschichte und mein Herz hängt sehr an ihr.

Meine beiden Söhne sind schon als Kleinkinder mit diesem Thema aufgewachsen. Natürlich haben sie einen emotionalen Bezug dazu. Ich möchte jedoch, dass die *Apache Star* so, wie sie Geschichte geschrieben hat, erhalten bleibt. Sie ist zwar technisch instandgesetzt worden, jedoch nicht mehr sehr belastbar. Sie dient heute als Boot, das meine beiden Söhne die Küste Floridas rauf und runter fahren dürfen, um selbst praktische Erfahrungen sammeln zu können. Aber die Leistungsfähigkeit des Bootes reicht für einen erneuten Weltrekord nicht mehr aus. Zudem würde ich mir auch – wie bereits gesagt – nicht wünschen, dass meine Söhne ihr Leben riskieren.

Wie ist Ihr heutiger Kontakt zu Kuba?

Klüh: Mein Kontakt zu Kuba besteht im Wesentlichen aus Luna. Wir telefonieren miteinander oder wissen durch die sozialen Medien jeweils übereinander Bescheid. Also bin ich ganz gut darüber informiert, was sich auf der Insel so tut. Ich fliege ab und an hin, um meinen Urlaub dort zu verbringen und in Erinnerungen zu schwelgen.

Wollen Sie etwas zu ihrer Einschätzung zur Lage des Landes sagen? Haben Sie eine Vision „Kuba in 10, 20 oder 30 Jahren"?

Klüh: Ich habe immer versucht, mich aus politischen Themen rauszuhalten. Das Thema Kuba ist komplex und die politischen Umstände sind kompliziert. Es geht sowohl um sehr viel Geld als auch um Emotionen. Wie es um die Zukunft von Kuba bestellt ist: Das ist alles Spekulation. Vieles hängt von der Grundeinstellung der US-amerikanischen und der kubanischen Regierung ab. Ich persönlich würde mir eine Annäherung für beide Staaten wünschen.

Können Sie sich vorstellen, für Kuba eine besondere Rolle im Dialog zwischen den Systemen zu spielen? Eine Art

Botschafter des guten Willens eines endlich in Gang kommenden Dialogs oder einer Öffnung?

Klüh: Politik ist nicht mein Thema. Aber ich habe versucht, durch ein sportlich einzigartiges Ereignis die Kommunikation der beiden Nationen in Gang zu bringen. Ich habe eine „Wasserautobahn" gebaut und sehe dies als ein symbolisches Zeichen zur Völkerverständigung an. Nun liegt es an den Kubanern und US-Amerikanern, die Wellen zu reiten und die Chance zu nutzen. Leider hat US-Präsident Donald Trump aus den Möglichkeiten, die ich eröffnet hatte, nichts gemacht. Das bedauere ich sehr.

Blicken Sie bitte einmal als Gast des Landes auf Kuba. Was hat Sie dort am meisten beeindruckt? Was würden Sie den nach Kuba Reisenden raten: Was sollten sie sich unbedingt ansehen?

Klüh: Meiner Meinung nach kann man fremde Länder am besten durch die Einheimischen kennenlernen. Die Lebensfreude der Kubaner ist trotz der problematischen Lebensumstände für mich etwas Einzigartiges auf der Welt. Ich bewundere ihre positive Einstellung und ihre Lebenslust. Ich rate deshalb allen, die Kuba besuchen, sich abends an den Malecón zu setzen, wie es die Kubaner tun, und die Atmosphäre auf sich wirken zu lassen. Tagsüber sollten sie durch die Straßen von Havanna laufen und den Kubanern beim Lachen und Tanzen zu sehen. Darüber hinaus sollte sich natürlich kein Gast eine Fahrt in einem der legendären, farbenfrohen Oldtimer entgehen lassen. Außerdem rate ich, als Zigarrenfreund, jedem Touristen, den Geschmack des echten kubanischen Tabaks einmal in seinem Leben zu probieren.

EPILOG

Eine Welt, gefesselt vom Nutzen ... Wer öffnet befreiend Anderes?

Von Coordt von Mannstein

„So komm! dass wir das Offene schauen, Dass ein Eigenes wir suchen, so weit es auch ist", so ein Wort von Hölderlin.
    Auch das Brüllen von Hochleistungsmotoren kann Poesie sein. Es ist die Idee, die sie antreibt und von der Großes ausgeht. Begeisterung, die zum Weltrekord wird. *Apache Star.* Der Blick über das offene Meer. Mit einem Mal das Eigene sehen, und es Stück für Stück zur Wirklichkeit schmieden. Jemand, der so gegen den Strich einer utilitaristischen Gesellschaft bürstet (... was bringt mir denn das?), öffnet etwas. Er öffnet ein Empfinden, das nicht im Hamsterrädchen der Nützlichkeiten auf der Stelle tritt.

    Ist das Sport?
    Ein Rennen zwischen zwei Welten. Und oft genug zwischen allen Stühlen, die auf den langen Gängen der Behörden stehen. Du hast mehr gestemmt, als nach außen scheint. Bis hin zu Obama ging Dein Plan. Nervenzermürbend. Immer war da ein seidener Faden, an dem alles hing. So viele seidene Fäden hast Du zusammengeknüpft, dass ein Ankertau daraus werden konnte. Das ist Weltrekord.
    Schnell mit dem Boot mal eben rüber? Von wegen. Manchmal schien es hoffnungslos zu werden.
    Außer für Roger.
    Der Wille, der ihn zwingt und wendet. Der Glaube an sich selbst, sein Glaube an das Projekt: Sie verschmelzen. Sein Selbst

wird das Projekt. Roger war und ist das Projekt. Roger war Weltrekord. Nichts anderes mehr im Blick, über Monate hinweg fokussiert. Das Projekt wird ihn nie mehr loslassen und er wird es nie mehr loslassen.

Roger ist Weltrekord.

Apache Star. Sie hat sich verselbständigt, so wie Kunstwerke das tun. Über sich hinaus wächst sie, bekommt ein Eigenleben, wird Marke und Legende. Das Ergebnis: Ist es denn so weit von einem Kunstwerk entfernt? *The Art of Speed.* Ein Kunstwerk, das Bilder erzeugt, Geschichten erzählt, seinen Klang besitzt, den Ruf an die Götter schickt: Der Urschrei, den 3000 PS erzeugen. Ein Weltrekord eröffnet Möglichkeiten. Es ist also möglich, so etwas erfolgreich zu probieren. Eine Aufforderung an kommende Generationen, es nachzumachen. Und das alles freiwillig? Was ist mit dem Risiko, den Mühen, der Zeit? Große Ziele und Freiwilligkeit gehen nicht zusammen. Die Idee, das Werk, das Ziel: Sie alle zwingen und die Größe eines Willens fordert. Am meisten den, der ihn besitzt. Ist der Entschluss gefasst, geht es um Leben und Tod.

Die offene See ist kein Sportgerät. Nein, hier gibt es keinen Raum für Fehler. Im Rennen selbst ist der Raum für Fehler tödlich klein, so klein wie ein Sarg. Es gilt, ungeheure Kräfte zu beherrschen. Und doch – bei aller Gewalt der Elemente bestand ein eigentümlicher Zauber um das Projekt. Jenseits von Technik und Funktion. Die Poesie eines verblassenden Neon orange. Höchste Signalfarbe, die in die Nuancen der Zeit vergeht, die milder wird, zu neuen Nuancen der Betrachtung einlädt. Ein Vibrieren lag über der Szenerie, etwas Unalltägliches und Unwiederholbares. Der große Duft der *Cohibas.* Der Duft von Weltrekord. Nicht nur Poesie. Weltrekord ist die Härte. Vor allem gegen sich selbst. Gnadenlos hast Du Deinen Körper trainiert. In puncto Härte haben Eishockeyspieler einen sehr strengen Maßstab. Körper und Geist, Boot und Crew waren bereit. Wie befreiend muss es für Dich gewesen sein, als endlich, endlich der Motor aufbrüllte, nicht zum Test, sondern als Start *DEINES*

Rennens. Eines Rennens, das Du mit dem Start schon gewonnen hattest, weil es das Rennen überhaupt gab, weil es starten konnte und starten durfte: Dein Sieg war ein Sieg über alle Schwierigkeiten der politischen und technischen Welten, und auch über Dich selbst: Du hast es geschafft.

Wenn man hört, was auf der Passage geschehen ist, war mindestens ein Schutzengel schon eine sinnvolle Ergänzung der Crew. Die harten Schläge des Bootes haben Dir im Rennen den Arm gebrochen. Keine Zeit hatte Dein Schutzengel, sich um solche Kleinigkeiten zu kümmern. Das musst Du schon aushalten, mein Freund, ich muss hier schließlich das ganze Boot über Wasser halten. Engel können harte Hunde sein. Während Du auf dem Wasser mit jedem Gedanken hundertprozentig konzentriert beim Rennen warst, waren im Hafen deine Freunde mit jedem Gedanken bei Dir. Inmitten Tausender Kubaner haben wir Deine Ankunft erwartet. Eine Ankunft in einem Rahmen, der Deiner Leistung und Deinem Projekt entsprach.

Und diese Ankunft begann am 29. Juli 2015 um 9 Uhr früh.

Ich wurde ins Headquarter des *Hemingway International Yachtclub of Cuba* gerufen. Es ging um die Vorbereitung der Ankunft der *Apache Star*. Inmitten hochdekorierter Militärs und kubanischer Ordnungskräfte führte Commodore Esteban das Kommando. Auf einer Generalstabskarte, die den ganzen Kartentisch einnahm, wurden kleine Schiffe hin- und hergeschoben – Wachboote der Marine, Sicherheitsboote, das Ziel-Boot und das wichtigste Boot: die *Apache Star*. Routen, Zeiten und Strömungen wurden berechnet und abgelesen, Zeiten wurden geschätzt. Eine Dolmetscherin übersetzte. Man einigte sich schließlich auf die Anlegestelle dicht an der Malecón, der berühmten Uferpromenade. Dort ließe sich alles von oben gut überschauen.

„Überschauen" – bei mir schrillten kleine Alarmglocken. Eine unangemessene Anlegestelle kann alles zunichtemachen, was über Monate aufgebaut wurde. Denn hier legt die Geschichte des Rennens an, nicht nur das physische Boot. Hier gehen die *Story* an Land, die Bilder, die Emotionen, die Befreiung und Erleichterung – hier

legt das gesamte Geschehen an. Mein Anliegen war es, die Sensation unmittelbar spür- und erlebbar zu machen, die Sensation einer Begegnung und Annäherung im immer noch währenden Embargo, nach dem Kalten Krieg zwischen USA und Kuba.
Anlegestelle.
Natürlich, die schlimmsten Erwartungen mussten sich bestätigen. Die Ankunft sollte tief unten am Kai erfolgen, wenig kommunikativ für die begrüßende Menschenmenge und noch ungünstiger für Presse und Kameras. Keine Bilder der Nähe, sondern „von oben herab", keine Bilder des Umarmens, des Sieges, der Emotionen. Ich nahm Commodore Esteban zur Seite und beschwor ihn, eine Anlegestelle zu finden, welche die ankommende Mannschaft, erwartungsfrohe Kubaner, Medien und politische Präsenz auf Augenhöhe brachte. Der Commodore verstand. Eine Stelle, die meiner Intention einer „Ankunft der Begegnung" entsprach, wurde ausgesucht.

Ja, man verstand. Über Nacht wurde aufgeräumt, Blumen wurden arrangiert, es wurde frisch gestrichen und ein roter Teppich für die offizielle Begrüßungszeremonie wurde ausgerollt.

Welch ein Ankommen, welch ein Rekord: In 90 Minuten von den USA nach Kuba! Tausende Kubaner jubelten an der Malecón der *Apache Star* entgegen. Das unnahbare Amerika war plötzlich anfassbar nahe. Die Anspannung konnte abfallen. Eine Brücke vom Willen zur Wirklichkeit war gebaut.

Und Deinen Willen haben wir alle von Anfang an gespürt.
Deine Begeisterung. Dass Du eine Idee hattest, die Dich nie wieder loslassen wird. Deine Aufgabe, die Du gefunden hast. Es ist unerheblich, völlig unerheblich, ob diese Aufgabe mit Maßstäben des Verstandes zu erfassen ist. Wozu? Das Ahnen, das Fühlen hat Dir die Route gezeigt. Der Mensch kommt auf Neues, indem er etwas Neues tut. Merkwürdig. Nie habe ich darüber nachgedacht, warum Du das tust. Von Anfang an war es mir selbstverständlich. Du hast nicht darüber diskutiert, Du hast es verkündet. Eine selbstverständliche Idee. Es hat gepasst. So konnten Deine Ideen zu Bildern werden.

Danke Roger, dass ich an der Faszination teilhaben konnte. Ein faszinierendes Projekt. Immer noch ist das Boot auf dem Wasser und fährt seinen Weg. In Dir. Und in allen, die Anteil haben konnten an Deinem Weltrekord.

Der Autor

Roger Klüh wurde 1965 in der Nordrhein-Westfälischen Stadt Hilden geboren und ist ein einstiger Profi-Eishockeyspieler, der für die Düsseldorfer EG spielte. Nach seinem Karriereende studierte er Wirtschaftswissenschaften an der Fachhochschule Düsseldorf und stieg 1992 in das väterliche Familienunternehmen Klüh Service Management ein. Klüh entdeckte schon in jungen Jahren seine Leidenschaft für Speedboote. Im Laufe der Jahre entwickelte er sich zu einem Weltklassefahrer. 2015 stellte er mit seinem Powerboat Apache Star einen Weltrekord auf: Er bewältigte die Strecke zwischen Key West (Florida, USA) und der kubanischen Hauptstadt Havanna in nur einer Stunde und 30 Minuten. Aufgrund der Widmung seines Weltrekords der Völkerverständigung zwischen den USA und Kuba wurde Klüh 2016 von Raul Castro die höchste Ordensauszeichnung der Nation verliehen. Roger Klüh hat zwei Söhne und lebt in Düsseldorf.

Der Verlag

> *Wer aufhört
> besser zu werden,
> hat aufgehört
> gut zu sein!*

Basierend auf diesem Motto ist es dem novum Verlag ein Anliegen neue Manuskripte aufzuspüren, zu veröffentlichen und deren Autoren langfristig zu fördern. Mittlerweile gilt der 1997 gegründete und mehrfach prämierte Verlag als Spezialist für Neuautoren in Deutschland, Österreich und der Schweiz.

Für jedes neue Manuskript wird innerhalb weniger Wochen eine kostenfreie, unverbindliche Lektorats-Prüfung erstellt.

Weitere Informationen zum Verlag und seinen Büchern finden Sie im Internet unter:

www.novumverlag.com